デジタル社会の
多様性と創造性

ジェンダー・メディア・アート・ファッション

[編]

田中洋美　　高馬京子　　高峰修

明治大学出版会

目次

第Ⅰ部 今世紀転換期のジェンダー研究

序文

牛尾奈緒美

本書は,「明治大学情報コミュニケーション学部ジェンダーセンター」の開設10周年を契機に, これまでセンター活動に関わってきた学内外の研究者による研究成果を抽出し, 今日の社会の抱えるジェンダー問題に対して多様な観点からの議論を提示することを目的に編纂されました。明治大学は「権利自由 独立自治」の理念を掲げ, 戦前から積極的に女性に対する専門教育の機会を提供し, 日本初の女性弁護士や裁判官を輩出するなどジェンダー平等を推進する高等教育機関の嚆矢となりました。同センターはこうした大学の伝統を受け継ぎ, 新たな時代に向けたジェンダー問題の追及と男女共同参画社会の進展を目指し, 2010年4月に情報コミュニケーション学部の中の一機関として発足いたしました。

　グローバル化や情報化の進展が著しい現代社会において, ジェンダーに関する問題はますます注目を集めています。日本のみならず国際社会において持続可能な社会の実現は喫緊の課題とされ, そのためにはジェンダー問題の解決が地球環境, 貧困等の課題解決と同等に重要であるとの認識が広がっています。ジェンダー平等の達成は, 政治, 経済分野はもとより社会制度や企業経営, 人々の働き方, 暮らし方に大きな変化をもたらし, よりよい社会を生み出す不可欠な要件であると捉えられます。また, 学問の世界においても, 既存の学問が暗黙的に男性中心主義の下で展開されてきたことに対する再考が行われ, 改めてジェンダーの視点で学問を問い直すいわゆる「ジェンダー主流化」の流れが加速し, 各学問領域でジェンダーを分析視角とした新たな研究が数多く行われるようになってきています。

　ジェンダー平等とダイバーシティ推進を希求する時代潮流を見据えるとともに学問におけるジェンダー主流化の流れに則り, 同センターで

は中心となる問題領域を　1．社会的規範により形成される性をめぐるイメージや役割である「ジェンダー」を中心に，性的指向（sexual orientation）と性自認（gender identity）に関する問題　2．セクシュアリティや障害，人種，文化，思想等の違いを乗り越え多様な価値が尊重される共生社会の実現を目指す「ダイバーシティ」の問題　3．共有された規範に従い他者を同じ価値共同体の一員として捉える「承認」をめぐる問題　の三つに定め，個々のセンター員の課題認識に応じてさまざまな観点の研究や議論の場を展開してまいりました。この10年間の研究プロジェクトを振り返ると社会学，経済学，経営学などの多様な学問領域から，各国の女性労働の歴史的考察や近代のジェンダー規範の変容に関する研究，メディア，アート，ファッション，スポーツ競技におけるジェンダーや，家族形成，企業経営におけるジェンダーやダイバーシティ推進に関する問題など多種多様な研究が行われています。

　二部構成で13本の論文からなる本書はセンター員とセンター活動をきっかけに連携が深まった学内外の研究者による共作であり，同センターがインキュベーターとなり創出された価値創造の一端をまとめたものといえます。テーマ設定にあたっては，センター設立10周年を記念して実施された国際シンポジウム「21世紀の多様性と創造性──学術・アート・ファッションにおける新展開」を下敷きに，新たに執筆された研究成果を集めました。

　第Ⅰ部は今世紀に転換期を迎えているジェンダー研究をテーマに，日本，ドイツ，アメリカ各国からの視点と，スポーツ分野，セクシュアリティ，暴力・ハラスメントの視点を加えた6つの観点から新たなジェンダー研究の流れを論じています。第Ⅱ部は，ジェンダーについて考え

る上で，今世紀大きく変容した私たちをとりまくメディア環境に焦点をあて，「デジタル社会における多様性とメディア，アート，ファッション」をテーマに，メディア論，メディアアート，デジタルテクノロジーとジェンダー，デジタル社会におけるファッションメディアに関する論文や，境界を問うアートやファッションの新地平について多様な視点からの議論が展開されています。ジェンダーを軸に，21世紀の多様性と創造性を学術・アート・ファッションの観点から論じる研究書の刊行は，国内の他大学のジェンダー関連の研究機関等ではほとんど行われてこなかった挑戦的試みであるといえます。本書を通じて，これまで国内外で蓄積されてきたジェンダー研究を振り返り，そこから多角的・多面的に飛躍するジェンダー研究の動向を知る機会となれば幸いです。

　最後に，本書を執筆するにあたり，「明治大学情報コミュニケーション学部ジェンダーセンター」の設立準備段階から長年にわたりセンター活動の推進に多大な貢献をされてきた，歴代センター長の吉田恵子先生，細野はるみ先生，田中洋美先生，ならびに歴代のセンター運営委員の先生方，センター運営の事務を担ってこられた服部眞由美さん，石田沙織さん，大久保美花さんに心から感謝申し上げます。

　ジェンダー研究の深化が，ジェンダーに留まらず社会に存在するさまざまな差異や多様性への気づきを促し真の共生社会の誕生に寄与することを願って拙い序文とさせていただきます。

I

第I部
今世紀転換期のジェンダー研究

日本におけるジェンダー研究の新展開
——非正規化と多様化の中で

江原由美子

1　はじめに——日本におけるジェンダー研究の動向をどのように把握するか?

　本章に与えられた課題は, 日本における今世紀転換期のジェンダー研究の動向を把握することである。けれども, 本書には他に, 歴史, スポーツと身体研究, セクシュアリティ研究, 暴力とハラスメント等に関するジェンダー研究の動向について, 個別に論じる章が立っているので, それぞれに関する研究動向は, そこで把握できる。そこで以下では, まずジェンダー研究の前世紀末から21世紀初頭にかけての流れを簡単に振り返り, そのうえで特にこの10年ほどの展開を, 日本社会における女性の状況に関連づけつつ, 論じてみたいと思う。

　まずジェンダー研究について, 振り返っておこう。ジェンダー研究とは, 第二波フェミニズム運動をきっかけに始まった学問における女性問題研究や女性解放問題研究を継承し, 女性だけでなく男性をも含めたジェンダーにかかわる対象領域を研究する, 学際的研究領域である。ジェンダー研究が成立したのは, 1980年代～1990年代であるが, 第二波フェミニズム運動は, それ以前に, 「女性学」を生み出していた。「女性学」から「ジェンダー研究」への移行は, 女性学における変化, つまり①研究対象が女性の性役割・性規範だけでなく, 男性の性役割・性規範も含むようになった, ②研究主体に男性学研究の男性研究者等, 男性が増加した, ③研究関心が男性解放・性的マイノリティの人々の人権・社会福祉等, 多様化した等の変化によって, キーワードが「女性」という語から「ジェンダー」という語にシフトしたことを主な理由としていた (江原, 2000: 27-28)。舘も, 「女性運動は, 『女性』というカテゴリーが置かれてきた意味を究明することによって, ジェンダー

という概念を創出した」と指摘するとともに,「女性解放思想・運動の学問版として成立した女性学」が「領域の学に矮小化される」ことへの危惧から,「女性学」をより変革的で学際的な方向へ発展させるべく,ジェンダー研究が提起されたと指摘する(舘, 2014: 133)。

　この舘の指摘が示すように,「ジェンダー研究」は,既存の学問の多様な領域や分野で行われる学際的研究[1]として出発した。したがって,本来,ジェンダー研究の動向を把握する場合も,各分野の研究動向を追うべきであろう。しかし,分野別研究動向が比較的よく行われている分野もあるが,そうでない分野も多く,各分野の研究動向把握から,「ジェンダー研究」の全体動向を把握することは難しい。では,各分野ごとのレビュー以外にどのような方法があるか。

　近年,女性学やジェンダー研究に関連する博士論文のデータベースが作られている[2]。現在日本では,女性学・ジェンダー研究を専攻する学部・学科・研究科はほとんどない。したがって,女性学・ジェ

脚注

(1)――――内藤 (2019) は,従来学際性と言われてきた特徴を,「複数の学問体系が共同で研究を行う」「多学問領域性」(multi-disciplinary),「複数の学問体系の相互作用により,新たな知を創成する」「学際性」(inter-disciplinary),「複数の学問体系に及ぶ新しい専門分野が生成する」「領域横断性」(cross-disciplinary),「諸学問の知見を相互にかつ自由に接合し,学問自体の創造をはかる」「超領域性」「超学問領域性」(trans-disciplinary)の四つを含むものとし,女性学・ジェンダー研究が志向してきた「学際性」は,「超領域性」「超学問領域性」であるという。

(2)――――「女性学/ジェンダー研究学位論文データベース」〈https://wan.or.jp/hakuron/search/(最終確認日:2021年4月15日)〉。データベース構築の経緯や構築に際して使用したキーワード等については,(内藤2014, 2019)を参照のこと。

ンダー研究の博士論文は，様々な大学の様々な分野に提出されている。このようなジェンダー研究の「外から見えにくい」状況を改善するために，データベースが構築された。構築者の一人である内藤によれば，女性学・ジェンダー研究に関連する博士論文は，博士号の学位種別で見ると，「学術」が約二割，次いで文学，社会科学，社会学，教育学，人文科学等，多くの分野にわたっている。学位授与機関としては，お茶の水女子大が16.3パーセントと群を抜いて高く，他には東京大・大阪大・名古屋大等が比較的多い（内藤, 2019: 6）。2005年以降，年間50本前後が登録されているという。

　このデータベースは，その年に出た博士論文の中から，特定の検索キーワードを含む題目の論文を選び出すことで構築されているが，どのキーワードが多くヒットしたかを示す検索キーワードの変化から見ると，次のようなことが言えるという。初期（1980年代〜1995年くらいまで）には「女性」や「家族」が多かったが，1995年ころからは，「ジェンダー」が，2005年以降は「セクシュアル・マイノリティ」「LGBT」「ゲイ」「レズビアン」「同性愛」及び「暴力」が多くなったという（内藤, 2019）。またこの10年で見ると，生殖技術関連の主題の増加や，海外をフィールドにした研究の増加等も見て取れる。

　このように，女性学・ジェンダー研究の動向は，博士論文データベースから，一定程度読み取ることができる。しかし博士論文は，学位取得や業績達成を目的にして書かれた論文である。主題の中にはそれに適したものもあるだろうが，逆に選択されにくいものもあるだろう。そうであれば，博士論文データベースだけからジェンダー研究の全体の動向を読み取ることは難しいという評価も，十分成り立ちうる。

　では他にどのような方法があるだろうか。「女性学・ジェンダー研究」

関連学会学会誌の「特集」から，動向を読み取ることもできよう[3]。日本における女性学・ジェンダー研究に関する学会としては，日本女性学会・国際ジェンダー学会・日本女性学研究会・日本ジェンダー学会等があり，それぞれ学会誌を刊行しているが，この中で，毎号特集を組んでいるのは，日本女性学会（『女性学』）と，国際ジェンダー学会（『国際ジェンダー学会誌』）である。以下では，この二つの学会誌の特集の変化を追うことで，「ジェンダー研究」の動向を把握することを試みる。

2　　学会誌特集主題からみたジェンダー研究の新展開

　ではまずそれぞれの学会誌の特集タイトルの一覧表を見てみよう（[**表1-1**]・[**表1-2**]）。

　[**表1-1**]は，日本女性学会誌2003年（第10号）から2019年（第27号）までの特集タイトルの一覧を，[**表1-2**]は，国際ジェンダー学会誌2003年（創刊号）から2020年（第18号）までの特集タイトルの一覧を，示している。二つの学会誌の特集を比較できるように，ほぼ同じ時期にそろえた。

脚注

(3)――――「ジェンダー研究」の学際性を考えると，女性学・ジェンダー研究関連学会誌の特集から研究動向を探るという方法は，各研究領域への展開への期待というジェンダー研究成立期の目的からした時，安易すぎるという批判もありうるかと思う。ここでは誌面の限界および簡便性のためにこの方法を用いるが，各分野・領域からの動向把握も，なされるべきであろう。

[表1-1] 日本女性学会学会誌(2003-2019)

2003	特集 ポルノグラフィの言説をめぐって
2004	特集「男女共同参画社会」をめぐる論点と展望
2005	特集 ウーマンリブが拓いた地平
2006	特集 フェミニズムと戦争──『銃後』から『前線』への女性の「進出」!?を踏まえて
2007	特集「ジェンダーをめぐる暴力とトラウマ」──暴力への対抗としての、フェミニズムの希望のあり方
2008	特集 バックラッシュをクィアする──性別二分法批判の視点から
2009	特集「男女共同参画と格差社会」
2010	特集「今ジェンダーの視点で問い直す貧困と労働」
2011	特集「社会を動かす女性学」
2012	東日本大震災に寄せて
2013	特集 再考・フェミニズムと「母」──異性愛主義と「女」の分断」
2014	特集「女」にとって〈美〉とはなにか? 美の秩序? 資本化? 規範の変容?
2015	特集 出産したらおやめなさい!?──産むことをめぐる生政治
2016	特集「女性活躍促進法」時代の女性学・ジェンダー研究
2017	特集 暴力・家族をめぐる政策の展開と社会的変容──ジェンダーの視点から
2018	ダイバーシティ推進政策とジェンダー/セクシュアリティの政治──「LGBT主流化」をめぐって
2019	男性性研究で何がみえてくるのか──「下駄を履いて」いること、セクシュアリティ、加害者性

　この二つの一覧から，いくつかの特徴や傾向を見て取ることができる。

　第一に，東日本大震災等災害多発を反映して，「災害とジェンダー」が特集の主題になっていること。[**表1-1**]の2012年「東日本大震災に寄せて」，[**表1-2**]の2012年「支援とジェンダー」，2014年の「災害時におけるジェンダーに基づく暴力」等。第二に，DVや暴力が，何度か特集されていること。[**表1-1**]の2007年「『ジェンダーをめぐる暴力とトラウマ』──暴力への対抗としての，フェミニズムの希望のあり方」，2017年「暴力・家族をめぐる政策の展開と社会的変容──ジェンダーの視点から」，[**表1-2**]の2014年「『災害時におけるジェンダーに基づく

[表1-2] 国際ジェンダー学会誌（2003-2020）

2003	創刊記念特集：国際ジェンダー学会への期待
2004	特集：ジェンダーと政治
2005	特集：少子化する日本社会とジェンダー
2006	特集：環境とジェンダー
2007	特集：父親の子育て
2008	特集：ジェンダーと教育
2009	特集：放送文化とジェンダー
2010	特集：グローバル化したアジアの看護師と看護教育
2011	特集：女性のキャリア形成　その達成と課題
2012	特集：支援とジェンダー
2013	特集：政治を動かそう—政策形成過程とジェンダー・ストラテジー
2014	特集：「災害時におけるジェンダーに基づく暴力」研究——海外の動向と今後の展望
2015	特集：子育てのジェンダー平等を問い直す——子ども・子育て支援の多様性の視点から
2016	特集：「女性活用」と女性の動員
2017	特集：制度のはざまにいるDV被害女性への支援について
2018	特集　国際ジェンダー学会の明日にむけて 　　　特集1：研究動向——これまでの研究と今後の課題 　　　特集2：ジェンダー研究者の現状と課題
2019	特集：男性学／男性性研究のゆくえ
2020	特集：デジタル化はジェンダー平等に寄与するか

暴力』研究——海外の動向と今後の展望」，2017年「制度のはざまに
いるDV被害女性への支援について」等，コンスタントに特集主題と
なっている。第三に，貧困や格差拡大が特集主題となっていること。[**表
1-1**] の2009年「男女共同参画と格差社会」，2010年の「今ジェンダー
の視点で問い直す貧困と労働」などである。第四に，性的マイノリティ
等，多様性にかかわる特集主題が見られること。[**表1-1**] の2008年
「バックラッシュをクィアする——性別二分法批判の視点から」，2018
年ダイバーシティ推進政策とジェンダー／セクシュアリティの政治——

「LGBT主流化」をめぐって」，［**表1-2**］の2010年「グローバル化したアジアの看護師と看護教育」等。第五に，男性性研究の特集があること。［**表1-1**］，2019年「男性性研究で何がみえてくるか――『下駄を履いて』いること，セクシュアリティ，加害者性」，［**表1-2**］，2019年「男性学／男性性研究のゆくえ」等。

　以上の約20年間の特集のトピックは，日本社会の激動の20年に対応しているといいうるように思う。この間，日本社会は，何度となく災害に襲われた。さらにはリーマンショックによる大不況や，新型コロナウイルス感染拡大による不況など，休む暇もなく襲ってくる数々の災禍に，日本社会は振り回された。中でも，未曾有の規模の大地震だった東日本大震災，余震が長期にわたった熊本地震，大規模の斜面崩壊が起きた北海道胆振東部地震などの震災や，地球温暖化によって激甚化している集中豪雨・台風災害は，災害の恐ろしさについて認識を大きく変えた。阪神・淡路大震災を一つのきっかけとして，「災害とジェンダー」研究が始まったが，災害への関心が強まることによって，現在では，「女性の視点からの避難所運営」や，「緊急時における弱者非難支援」などの問題提起を行うとともに，地域防災組織における女性参加比率の増加等，社会構造にも影響を与えている。

　自然災害の多発に加えて，この20年は，社会状況の変化が極めて大きかった。先に第三点として指摘した貧困や格差に関する主題は，この日本社会の状況変化が生み出したジェンダー問題である。1990年代，社会主義社会崩壊によって加速されたグローバル化と新自由主義は，先進国労働者に特に厳しい影響を与えた。先進国企業は，国境を超えた資本移動の自由化の勢いに乗り，人件費が安い発展途上国に，製造拠点を移動させた。グローバル自由主義市場により，原

材料の価格が世界中で均一化した一方で，労働者の賃金は先進国と発展途上国では大きな差異があったから，世界市場での価格競争で生き残るためには労働賃金の安い国で製造するしかなかったからである。結果として，先進国労働者の職が大幅に減少し，失業者が増加した。労働者階級の人々にとって相対的に安定していた製造業の職が減少し，不安定なサービス業の職が増えた。さらに，先進国企業の競争力を高めるため法人税引き下げと社会福祉削減を主要な主張とする新自由主義的経済社会政策が，イギリスやアメリカから強まり，ヨーロッパや日本にも広まったこともあり，先進国内における階層間の格差は，急激に上昇した。

　日本社会においても，1990年代のバブル崩壊以降，GDPの成長は，中国等中進国に遠く及ばず，先進国の中でも最も低い国の一つになった。バブル崩壊後，新規学卒者の就職状況が悪化し，非正規の職しか得られない新卒者の比率が増えた。失業率も高くなり，正規労働者比率が減少し，非正規労働者比率が増えた。賃金も低く抑えられ，労働者の生活不安も増大した。特に，女性の非正規化が進行し，2020年時点では，女性労働者の中の非正規労働者比率は50％を超えた。若い世代の男性労働者にも，非正規労働者が増加したため，ジェンダーと階層との関連性は，かつてよりも見えにくくなっている。

　他方，新自由主義イデオロギーは，経済的には「レッセフェール」つまり自由主義であるが，国による社会福祉を否定する結果，子供や高齢者・病者等のケアを，家族や地域社会にゆだねざるをえない。つまり伝統的な家族観を維持しようとする保守主義的イデオロギーを強めることになる。日本社会においても，2000年〜2005年，バックラッシュが全国に吹き荒れた。日本社会においてその影響を最も受けたのは教

育界であり，バックラッシュによって性教育がほとんど頓挫するような状況であった（石，2016; 江原，2019b）。

「女性に対する暴力」は，1970年代・1980年代から，レイプやセクハラ等を社会問題化してきたが，1995年北京会議を一つのきっかけとして，DV等家族内での暴力を含む地域社会に広がった問題として，社会問題化されるようになった。日本では特に，夫婦間の暴力問題に焦点が当てられ，2000年には配偶者間暴力防止法が成立し，様々な施策がとられてきた。しかし近年の「災害とジェンダー」研究の発展は，「災害時のDVの増加」「災害時の性暴力」等，危機において女性がストレスのはけ口になる可能性が高いことを明らかにしている。

日本では，社会学などの領域において，1990年代から性的マイノリティに関する研究が行われていた。2000年代に入ると，性的マイノリティ研究とジェンダー研究の関連性が強まり，ジェンダー研究領域においてセクシュアリティ研究が多くなされるようになった。その背景には，性的マイノリティ差別と性差別の構造的関連性についての認識の広まりだけでなく，多様な生き方や性の在り方を許容する社会の実現の希求という共通性もあった。バックラッシュという政治的動きは，伝統的家族すなわち性別分業的異性愛核家族のみを正当化し，他の多様な生き方や家族のあり方を否定した。つまりバックラッシュは，性的マイノリティの人権状況改善の動きをも，抑制したのである。

この状況が一転したのは，東京2020オリンピック・パラリンピック大会開催の決定であった。オリンピック・パラリンピックは，オリンピック憲章にあるように，「いかなる差別をも伴うことなく，友情，連帯，フェアプレーの精神をもって相互に理解しあう」ことを，「オリンピック精神」と規定している。性的指向に対する差別も当然オリンピック精神に反

することになる。2013年の東京五輪招致獲得によって，政府や東京都は，性的マイノリティ差別是正に動かざるを得なくなった。結果として，性的マイノリティに配慮した社会政策や教育政策が，一挙に主流化した。さらに近年における滞日外国人数の急激な増加を受けて，外国籍の女性や子供たちの様々な問題も，ジェンダー研究の大きな主題になるようになっている。

このように，ジェンダー研究のトピックの変化は，この間の日本社会の動向を反映している。ではそれは，ジェンダー秩序の変化という観点から見たとき，どのように位置づけることができるのか。近代日本のジェンダー秩序の変化との関連性において，この10〜20年の変化を考えてみたい。

3　近代日本におけるジェンダー秩序の三段階

イルゼ・レンツは，近代日本におけるジェンダー秩序の変遷を，次の三つの時期区別によって論じている（Lenz, 2007）。第一期は，明治から1945年までの「市民国家的近代化」期。近代日本のジェンダー秩序の土台が作られた。明治から敗戦までの日本は，「新家父長制的家族国家」であり，天皇を頂点として作られた政治的経済的な公的領域は，男性の領域と定義された。女性は参政権がなかっただけでなく，政治的集会を行うことも禁止されていた。この「女性の排除」は，「自然」を根拠にして行われていた。天皇制という古代的なヒエラルヒーを利用して階級社会を維持しつつも，女性を公的領域から排除するために利用したのは，「科学」的装いをまとった「女性の自然的特質」という根

拠であった。また「家」においても男性が権威を持ち，女性はケア労働についていた。

　第二期は，敗戦後から1990年代半ばまでの「組織された国家的近代化」期。国家による労働者福祉政策として福祉国家が制度化された時期である。他方，ジェンダーに関しては，女性参政権は成立したものの，ジェンダーで二分された労働（性別役割分業）が強固に維持された。公的領域の政治部分については女性の参加が許容されたが，雇用における性差別によって，女性の経済的活動は引き続き抑制された。戦後の民主化とともに，労働組合が組織化されたが，当然ながら労働組合組織も，男性中心的であった。福祉システムと労働市場はともに，「男性稼ぎ手と主婦と子供」からなる核家族を志向したのである。家族が夫婦中心のマイホーム主義的核家族として描かれるようになるにしたがって，既婚女性の主婦化が進んでいった。結果として，この時期において，雇用区分は，学歴や階級よりも，ジェンダーによって行われていた。社会が，自然化された「性別」によって組織化される傾向が強まると，「階級」は見えにくくなった。

　第三期は，「再帰的近代化」期。1990年代半ばから現代までを含んでいる。グローバリゼーションによる産業空洞化と経済成長鈍化が生じた。第二次産業から第三次産業への産業転換が生じるとともに，雇用は，柔軟化・不安定化した。単純労働者層の賃金が低く抑えられた結果，格差が拡大した。男性労働者の雇用の不安定化の結果，女性の再就職や雇用継続が増大し，専業主婦世帯の著しい減少が生じた。その結果，従来の「支配的ジェンダー秩序」が著しく脅かされ，「支配的ジェンダー秩序」をめぐって，それを維持しようとする人々と，変えようとする人々との間に，ぶつかり合いが生じるようになった（ジェ

ンダー・フリー・バッシング等)。

　このレンツの日本近代のジェンダー秩序変動に関する枠組みに従えば，先に挙げたこの10〜20年のジェンダー研究は，まさにこの第三期の「再帰的近代化」の「ジェンダー秩序」の時期のジェンダー研究ということになる。以下ではこの枠組を使用して，ジェンダー研究の近年のトピックを，整理することを試みたい。

4　近年の「ジェンダー研究」を日本の「再帰的近代化」期における「ジェンダー研究」として読む

　レンツの枠組みを使用して，2に挙げた近年の「ジェンダー研究」の諸トピックを整理してみよう。第三期においては，男女共同参画社会基本法も成立し，第二期に見られたジェンダーで強固に二分化された労働(性別役割分業)は弱まったかに見える。現在共働き世帯比率が専業主婦世帯 (片働き世帯) 比率を大きく上回っており，女性の就業率も非常に高くなっている。特に「女性活躍推進法」などによって，管理職などエリート層の女性比率を増やす施策が行われており，少なくとも表面的には，「性別」による雇用区分は弱まったかに見える。他方，グローバル化による雇用の柔軟化は，非正規労働者比率を増大させた。女性の非正規労働者に焦点を当てれば，「女性活躍推進」の掛け声にもかかわらず，最低賃金に近い水準の時給で不安定な雇用形態で働く既婚女性が未だに非常に多い (栗田, 2019；小杉・宮本編, 2015)。女性の間の格差が，増大したのだ。

　他方，女性だけでなく，若年男性を中心に男性の非正規労働者比

率も上昇した[4]。この結果，表面的には，性別以上に「正規／非正規」の雇用区分線を際立たせている。レンツが「第二期」の特徴として述べた「階級線がぼやけ性別区分が突出する傾向」は，第三期では，「性別区分がぼやけ階級（正規／非正規）線が突出する傾向」に逆転しているかのようである。さらに，外国籍労働者の増大や性的マイノリティの人々の異議申し立ての増大など，性別による区分をぼやけさせる様々な多様性の問題が，表面化している。

しかし他方において，第二期の特徴であった日本人男性正社員を中心とする雇用慣行は，ごく一部の女性を組み入れるようになった他は，ほとんど崩れていない。非正規労働に関する雇用慣行のほうも，「第二期」では既婚女性や季節労働者等に限定されていたが，「第三期」では，一部の若年日本人男性や外国籍労働者等にも適用されるようになるなどの変化が起きたけれども，この区分自体は，ほとんど揺らいでいないのである。

ここから見ると，日本社会におけるネオリベラリズムによる労働者の賃金削減は，暗黙化されたジェンダー差別を利用した女性労働者の非正規化によって行われたことが見えてくる。一体この状況をどう読み解くのかということこそ，近年の「ジェンダー研究」の諸トピック，「貧困」「格差」や「男性学・男性性研究」，「女性活躍推進法」等の背景

脚注

(4)──────── この男性間における賃金二極化傾向や格差拡大傾向は，男性アイデンティティを揺るがし，男性性研究や男性学の大きな主題になっている。近年の日本の男性学の主流派の動向とそれに対する批判については，（江原, 2019a）を参照のこと。

にある問題意識なのではあるまいか。表面的には性別カテゴリーの区分線が薄くなり、他の様々な区分線が浮かび上がっているにもかかわらず、他方において「第二期」の特徴をそのままにした「隠された性別区分」を持つ雇用慣行が強固に維持されている日本社会。その結果、実際には女性の客観的社会状況は悪化しているにもかかわらず、ジェンダー軸で連帯することが非常に困難になっている現状をどう乗り越えるのか。おそらく、このことこそ、近年のジェンダー研究の新展開の背景にある問題意識であると思われる。

引用・参考文献

江原由美子 (2019a)「『男はつらいよ型男性学』の限界と可能性」, 日本女性学会学会誌『女性学』27, 10-23頁

江原由美子 (2019b)「ジェンダー概念をめぐる攻防を『科学コミュニケーション』の視点から読む」江原由美子・加藤周一・佐古輝人・三部倫子・須永将史・林原玲洋『争点としてのジェンダー──交錯する科学・社会・政治』ハーベスト社, 175-212頁

江原由美子 (2000)「女性学・フェミニズム・ジェンダー研究」『フェミニズムのパラドックス──定着による拡散』、勁草書房

栗田隆子 (2019)『ぼそぼそ声のフェミニズム』作品社

小杉礼子・宮本みち子[編] (2015)『下層化する女性たち──労働と家族からの排除と貧困』勁草書房

石楿 (2016)『ジェンダー・バックラッシュとは何だったのか──史的総括と未来に向けて』インパクト出版会

舘かおる (2014)『女性学・ジェンダー研究の創成と展開』世織書房

内藤和美 (2014)「女性学／ジェンダー研究博士論文データベースをつくる」『NWEC実践研究』4, 144-157頁〈https://nwec.repo.nii.ac.jp/?action＝pages_view_main&active_action＝repository_view_main_item_detail&item_id＝17123&item_no＝1&page_id＝4&block_id＝58(最終確認日：2021年4月15日)〉

内藤和美 (2019)「博士論文データベースを通して見る女性学／ジェンダー研究の40年」『WAN女性学ジャーナル』2019年1月1日〈http://woman-action-network.s3-website-ap-northeast-1.amazonaws.com/journal/5c28ed5f903707feaabda5f3a292fba0.pdf（最終確認日：2021年4月15日）〉

Lenz, I.（2007）. Gender at the Crossroads: Modernisation and the Changing National Gender Order in Japan. In C. Derichs & S. Kreitz-Sandberg (eds.) *Gender Dynamics and Globalisation: Perspectives on Japan within Asia*. Hamburg: LIT, pp. 11-20.

フェミニズムにおける過程的インターセクショナリティと闘争
——ドイツと日本の比較

イルゼ・レンツ
訳者：加藤穂香

1 はじめに

　長い間，グローバル・ノースにおける女性運動では，フェミニズムにおける不平等の問題について深い論争と闘争[1] が繰り返されてきた。LGBTIQによる自らの周縁化ないし排除に対する批判，また黒人女性や移民によるフェミニズム内部の人種差別の実態に対する非難である（Breines, 2006; Gunda-Werner-Institut, 2019; Halsaa et al., 2012; Lenz, 2010; Sudbury, 1998）。この議論は，とりわけアメリカの黒人フェミニストらが始めたブラック・ライブズ・マター（以下BLM）運動の文脈で，ヨーロッパそしてドイツ国内においても，強く共感された。日本でも在日コリアンや被差別部落の女性たちが，日本の主流のフェミニズムにおける自分たちの声の不在について批判してきた。

　インターセクショナリティ（*訳注 この概念については第三章の兼子論文を併せて参照されたい）は，社会だけでなくフェミニズムにおいてもみられる不平等を理論化するための重要な分析概念となっている。この概念は，これまでのジェンダー，階級，「人種」[2] に関する議論に基づきつつ，資本主義や家父長制，帝国主義国家による，自律していると同時に相互に関連する支配システムに基づく不平等の共―構築と連関を強調するために提唱された。1989年にこの概念を組み立てる際，黒人フェ

脚注

(1)——— ここでの「闘争」は，ゲオルク・ジンメルの闘争の社会学にならったものである。

(2)——— ドイツの文脈では国家社会主義において大量虐殺やホロコーストを正当化してきた「人種」の歴史があることから，支配や暴力を正当化するような社会的カテゴリーとして「人種」という用語を用いる。

ミニストで法学者のキンバリー・クレンショウは，女性が性差別と人種差別の力に同時に衝突されうるという交差点（intersection）の比喩を用いた（Crenshaw, 1989; Collins & Bilge, 2016; Gunda-Werner-Institut, 2019）。以来三十年，このアプローチはフェミニズムの議論や，国際連合やEUなどの機関において広く受け入れられてきた。またそれは社会学の多様な理論的アプローチと組み合わされ，インターセクショナリティの多様性（varieties of intersectionality）という視座を生み出してきた。

　本稿ではまず，インターセクショナリティの多様性論について説明する。次に，インターセクショナルな編成（intersectional configurations）の変化とそれを背後で駆り立てる力に焦点を当てるための概念として「過程的インターセクショナリティ」について導入する。その次のステップでは，インターセクショナリティに関する議論をジェンダーをめぐる闘争に関するアプローチと関連づけ，フェミニズムにおけるインターセクショナルな闘争を分析するための枠組みを提案する。そしてドイツのフェミニズムにおける黒人女性や移民女性の闘争的参加の展開を概観しつつ，過程的インターセクショナリティの視座を説明する。

2　　インターセクショナリティの多様性

　フェミニズムや社会学の言説では，多様な分析的視座として，インターセクショナリティの多様性が発展してきた。ここでは，これらの多様性がどのようにインターセクショナリティを理論化し，その際にどのような理論的潮流に依拠しているのか──言い換えれば，どのようにこれらが構築されてきたのかを考えてみたい（Lenz, 2019を参照）。無論，

これは長年この問題に取り組んできた私の整理によるものであり，他の著者であればまったく違う結果となるかもしれない。

　まず，位置的なインターセクショナリティと呼びうるものである。この潮流では，人々の社会的位置は，彼らに適用されているジェンダー，「人種」，セクシュアリティといった不平等のカテゴリーから直接導き出される。これらのカテゴリーは，相互に結びついた不平等の権力の格子のように機能し，その相互作用のなかで人々を頂点か底辺に振り分ける。たとえば，白人の異性愛者の女性は特権的であり，黒人のクィア女性は周縁化された立場であると想定されるわけだ。こうして，ジェンダー，「人種」，階級が連鎖した差別とその結果としての不公正は，社会的，日常的なレベルで分析することができる。また，白人や日本の支配的なマジョリティのような，「すべての人」にとっての規範を形成する支配的な集団が可視的となり，彼らの特権が批判される。さらに，この見方では，相互に関連するカテゴリーが，社会的位置だけでなく，主体の意識をも決定する（Lenz, 2019を参照）。

　位置的なインターセクショナリティは，アメリカの黒人フェミニストのラディカルな批判から始まったが，今日では，いくぶん異なるドイツの文脈において輸入され，広く受容されている。こうして，位置的なインターセクショナリティは，人々を「人種」によって分類すること，すなわち，特権的な白人の人々と，非特権的だとみなされる分類上の立場にある黒人や「有色の人々」としての移民へと振り分けることに重点を置く。この際，階級が統合されることはほとんどないばかりか，言及もされない。しかしながら，移民に対する「有色人（persons of color）」という言葉は，東アジアや南ヨーロッパからの多くの移民たちの経験には当てはまらない。というのも彼ら／彼女らは「肌の色」ではなく「異なる文化」によっ

て自分たちが「他者化されている」と捉えているからである。したがってこの分類では、それぞれの集団がいくぶん二元的で同質的、そして本質主義的に現れる傾向がある（Hark & Villa, 2021; Lenz, 2019）。また、ときとしてジェンダーや「人種」のカテゴリーが肯定的な属性となり、ジェンダーや「人種」がいかに支配のシステムによって構築されているかという批判的な視点が失われる傾向にある。さらに不平等は、白人の個人的な特権という新自由主義的な観念で、かなり曖昧に説明されることもある。

　「人種」やジェンダーの同質的な集団という基本的な考えは、今日の経験的な社会的現実とは一致しない。50年前、西ドイツの女性のほとんどは、結婚または出産後に専業主婦になり、移民のほとんどは非熟練の産業労働に割り当てられた。現在では、移民の背景を持つ第二世代、第三世代のかなりの部分が高等教育を受けている。こうした移民たちの大部分はいまだ労働者階級に属しているが、一部の移民男性は管理職に就き、また、学術的な専門職に進んだ移民男性や移民女性もいる（Lenz, 2020）。言い換えれば、女性の間でも移民の間でも、顕著な差異化が進んでいる。したがって、インターセクショナルなアプローチには、階級による差異化を含めなければならないのである。

　次に、資本主義、帝国主義、家父長制、異性愛規範などの、相互に関連しながらも比較的自律的な支配の社会システムの結果としてインターセクショナリティを捉える視座がある。フェミニズムの批判理論によれば、階級、ジェンダー、「人種」といったカテゴリーは、上記の社会システムを規定する支配の軸であると同時に、それらのシステムによって構築されるものであると考えられている（Lenz, 2020; Klinger et al., 2007）。たとえば、ジェンダーは、すべての近代社会において、すべて

の男性や女性について同じように見えるような，固定された歴史的属性とは見なされない。むしろ，階級や「人種」と連動して，ジェンダーは日本やヨーロッパにおいて，資本主義的な産業化や，新自由主義的な後期資本主義のなかで，さまざまな役割を演じる。

　また，システムの観点からは，システム（たとえば資本主義）と，カテゴリー（「人種」や階級），そしてそれらの制約とぶつかったり，受け入れたりする主体を差異化することができる。フェミニズムの批判理論によれば，主体は不平等のカテゴリーに対して，単純に肯定するのではなく，両義性を示す。そしてインターセクショナルな支配の軸に位置づけられながらも，その制限や，制約的規範に抵抗する。この両義性は，黒人女性のような従属的なグループだけでなく，反人種差別主義の闘争に参加する白人女性のような支配的なグループの人々にも見出される。

　そして三つ目に，過程的インターセクショナリティについて導入したい。社会的位置やシステムに基づくインターセクショナリティの視座においては，不平等が安定した構造を想定する傾向があるが，過程的インターセクショナリティにおいては，インターセクショナルな編成——それは最大化されたり，再編されたり，差異化されたり，あるいは最小化されることさえある——がどのように変化しているかに焦点を当てる。これは実証研究のためのヒューリスティックな視座であり，進歩の拡大という幻想を前提とした規範的な目的論的概念ではない。過程的インターセクショナリティには，以下のような研究課題が挙げられる。

　1．インターセクショナルな編成の変化の主要な諸原因：多様な原因がインターセクショナルな変化をもたらしうる。一方で，フォーディズムやトヨティズムからグローバル化されフレキシブル化された資本主

義への転換のようなシステム的な変化は，労働市場による女性の非正規雇用への強い取り込みや，産業の中心であった男性労働者の権力の衰退を伴うだろう。そしてその結果，ジェンダーや階級関係に変化が生じるかもしれないのだ。また他方において，女性やクィア，移民などの社会運動は，平等と包摂を要求し，それによって，インターセクショナルな境界を開きまたは解放することにつながりうる。

2．変化の言説的構築：多様な言説とその相互作用のなかで，変化はどのように交渉され，ドラマ化され，矮小化され，あるいは公的に黙殺されるのか。アメリカでは，性暴力やハラスメントに反対するMeToo運動は，有名な女優から，大胆な声明で運動を支持したラテン系移民の農場労働者まで，交差する多様な立場の女性たちに働きかけることができた（*Time*, 2017）。さらに，このような言説はグローバルに伝播し，その後，国内の文脈で効果を得るためにローカルに取り入れられ，翻訳される傾向がある。こうした言説のグローカル化の過程に関する研究では，多様なインターセクショナルな文脈においてこれらの動きが進行していることがわかっている。

3．変化の結果：インターセクショナルな関係の変化には，意図した帰結と意図しない帰結が伴うことがある。たとえば，女性運動が女性に熟練した仕事を要求したことで，意図された結果として，一部の女性がより良い労働条件と賃金にアクセスできるようになった。意図しない結果としては，階級やエスニシティによる女性間の不平等が拡大したことが挙げられる（Lenz, 2020; 橘木, 2008）。一部の女性は上層・中層の職業に就き，階級の上昇を達成したが，大部分の，特に移民

の女性は，低賃金で非正規の仕事にとどまっている。専門職に就く女性たちは，家庭内で非正規の移民女性による有償のケア労働を利用する傾向もある。変化の結果は，しばしば矛盾した，両義的なものになる。

　以下では，1970年代から現在に至るまで，ドイツのフェミニズムにおいて，ジェンダーやエスニシティによるインターセクショナルな[3]不平等についての闘争がどのように進展してきたかを見ることで，過程的インターセクショナリティを説明する[4]。

3　ドイツの新しい女性運動における「人種」とエスニシティに関するインターセクショナルな闘争

　ドイツの女性運動には，「人種」とエスニシティによるインターセクショナリティに関して，マスター・ナラティブが存在する。それは次のように要約される。ドイツの新しい女性運動は，1968年から白人中産階級の運動として発展した。1980年代半ば，黒人フェミニストたち，特にベルリン自由大学で教鞭をとっていた黒人レズビアン学者・詩人のオード

脚注

(3)——— ここでは，キンバリー・クレンショーが「インターセクショナル」という概念を提唱する前のものであっても，「インターセクショナル」という用語を用いている。ジェンダーや階級，セクシュアリティ，「人種」，移住などに関する不平等を結びつけて考えようとする同様の基本的な志向を持つからである。

(4)——— ここでは短い要約しか提示できず，詳細やニュアンスを十分伝えられないことについて容赦頂きたい。

リー・ロードが，人種差別と性差別の結びつきを示し，ドイツの白人フェミニズムの人種差別を「人種」と階級の観点から批判した。このナラティブは，先に説明した位置的インターセクショナリティのアプローチに基づいている。だが資料を調べてみると，これは実証的に正確ではない部分がある。後述するように，確かに黒人フェミニストはドイツでインターセクショナル・フェミニズムを呼びかけた中心的存在ではあったが，彼女たちが唯一であったわけではなく，一番初めでさえなかった。さらに，セクシュアリティと「人種」は明確に見受けられるが，階級についてはほとんど注目されていない。また，これらの不平等に取り組み，交渉するプロセスやその影響は，はっきりしていない。

　ドイツの新しい女性運動におけるインターセクショナルな闘争について議論する前に，その発展について少し説明したい[5]。それは，女子学生——労働者階級出身や母親である場合が多かった——が小規模なグループで集まり始めたところから始まった。1967年頃の左翼学生運動の文脈から出発したのである。女子学生たちのグループは，家父長的なジェンダーの知識と実践にラディカルに疑問を投げかけ，フェミニストの意識と理論を発展させ，日常生活を行動で変えるための空間となった。学生運動が国際的な方向性を持っていたため，彼女たちもまたジェンダー，階級，「人種」の問題を結びつけており，アメリカに滞在し，ブラック・パワーのメッセージを取り入れた者もいた。つまりドイツの新しい女性運動は当初からジェンダー，階級，「人種」に関

脚注

(5)―――― この概要については，Lenz (2010), Lenz (2019) およびそこで引用されている
　　　　　文献を参照のこと。

するインターセクショナルの原型的な基本意識と呼べるものを共有していたのである。これは，ジェンダーや階級，日本の帝国主義やエスニックマイノリティの問題に関する日本の「リブ」の高い意識と類似している（溝口・佐伯・三木，1992, 同1994, 同1995を参照）。

このような運動の形成と意識化の第一段階は，1970年代半ばまで続いた。その後，女性運動は，レズビアン，母親，教師やジャーナリストなど職業を持つ女性，女性エンジニア，そして移民女性などによる多様なサブ・ムーブメントへと多元化していった。同時に，女性運動は強力な制度的な翼を発達させた。フェミニズムは，緑の党から社会民主党，最終的にはキリスト教民主党に至るまで，政党や労働組合，福祉団体にいる女性たちによって取り上げられ，自治体では男女共同参画に関わるポジションが設置された。1990年頃には，社会的に作られた性としてジェンダーを捉える考えが普及した。1989年には社会主義国家であった東ドイツが崩壊して東西ドイツが統一され，また，北京での国連世界会議が運動に国際的かつジェンダー的な局面をもたらした。東ドイツと西ドイツの運動は，異なる背景のために闘争を含みながら協働していたが，共に北京での第四回世界女性会議の準備を行い，国際的なネットワーク作りや国連やEUへの参加に強く関わるようになった。2005年以降，主に若いフェミニストは，クィア・フェミニズムやインターセクショナル・フェミニズムへと向かい，今でもその傾向は強い。

以下では，ドイツの新しい女性運動におけるジェンダーと「人種」／エスニシティに関するインターセクショナルな闘争を取り巻く過程を分析するために，位置的インターセクショナリティを超える新しい枠組みを提案する。その最初の構成要素は，社会運動は動員される際に独自の社会空間や半公共圏を構築し，インターセクショナルに不平等な

諸集団の運動がこれらの空間に入り込むことができるという提案である。二つ目の構成要素は，闘争の社会学に由来する。上述の従属的な諸集団は，運動内部での承認と平等のために多数派と交渉し，そこで共有されている価値観と実践を参照しながら，運動空間の内部で，闘争関係を形成する。したがって，私は過程的インターセクショナリティの視座から，フェミニズムにおける移民女性の参加が，1970年代の周縁化された状況から現在の可視化された状況へとどのように変化してきたかを示したい。

　まず，社会空間の概念について，そのあと闘争関係について議論していこう。社会空間とは，人々が共通のコミュニケーションを行うことによる規則的な相互関係，交流，実践によって生じる（Lenz, 2019; Löw, 2001; Löw et al., 2021; Pries, 2008）。たとえば，ドイツの新しい女性運動では，1968年当初，一部の女性がメンバーのキッチンに集まり（彼女ら独自の空間での口頭のコミュニケーションと交流），文書やリーフレットを発行し（書面のコミュニケーション），彼女ら自身の子どもたちのために幼稚園を設立するかたわら，左派の男性中心の学生運動に介入していた（実践）。このように，彼女らは運動の形成と再生産に必要な，自分たちのための言説的・物質的空間を創造した。

　多様な運動は様々に異なる運動空間を構築するが，そうした空間の包摂的または排他的な性質は，社会や運動自体におけるインターセクショナルな不平等に対処するために極めて重要である。男性中心的なナショナリズム運動は，移民だけでなく，母親や主婦として国家的に奉仕するはずの女性も排除する傾向がある。包摂的あるいは排他的な性質は，運動の価値観，シンボル，言説，感情に加えて，開放的あるいは閉鎖的な実践に由来している。ドイツの新しい女性運動は，両

方の次元において包摂的だった。

　この空間の言説的な側面の議論からはじめたい。新しい女性運動は，女性らしさやジェンダーに関するヘゲモニー的規範へのラディカルな批判と，彼女らが未来にどのようになることができ，どのようになりたいかを探求する，開かれた女性イメージとを結びつけた。これらのイメージには，女性の自律性とエージェンシー，集団的なエンパワーメント，ヘゲモニー的なジェンダーへのラディカルな批判という，いくつかの動機が確認できる。これらのイメージは，多様な主体性に開かれており，全国的な中産階級の女性らしさの規範をラディカルに転覆させ，くつがえしていた。階級と「人種」の支配に対する批判は，多くの境遇にいる潜在的に反抗的な女性たちに広く訴えかけた。合意された主導的な価値観は，女性たちの自律性，平等，連帯だった。

　新しい女性運動の活動は矛盾しており，包摂と排除のあいだの緊張を示していた。新しい女性運動は連帯を宣言し，すべての女性の水平的な参加を可能にすべきはずの，複数の小さなコンシャスネス・レイジングのグループで組織されていた。しかし，メンバーは，中流階級の主婦や移民の女性にとっては障害となる可能性がある，前衛的な生活スタイル（コミューンでの生活や自由な恋愛関係など）や，主流ではないオルタナティブな空間での話し方や服装のコードを実践していた。

　ただし，多くのレズビアンや一部の移民女性は，こうした表象や価値観に魅力を感じて新しい女性運動に参加した。最初彼女らはむしろ目立たない存在だった。しかし，その後，彼女らはそのオープンで多様な空間を利用し，自律性，エージェンシー，エンパワーメントの価値を参照しながら，独自の空間を持つサブ・ムーブメントを生み出した。このレズビアンのネットワークは1974年から可視化・組織化され，主流

のフェミニズムにおける異性愛規範に挑戦し，変化させることができた（Dennert et al., 2007; Lenz, 2010を参照）。

しかし，本稿の焦点は，移民女性のサブ・ムーブメントに当てられている。最初に広く知られたグループは，継続的な雇用や滞在権が保証されていない特別な研修契約を結んでドイツで働いていた韓国の看護師たちであった。1970年代半ばの危機のなかで，看護師たちの一部は突然労働契約を解除された。1977年，韓国の看護師たちがまとまり，独立した労働と滞在の権利を求めて女性運動や教会における支援を動員した。政府は労働許可と滞在許可を継続することで対応した（Lenz, 2010: 170-171; Cho-Ruwwe, 2017）。1978年のこの成功のあと，彼女たちは在独韓国女性の会（Koreanische Frauengruppe in Deutschland）を結成した。彼女たちは，ドイツにおいて韓国人女性として生きていくための文化横断的なやり方を開発すること，また，韓国の民主化運動，特に当時の独裁政権に対抗する女性の一派を支援することをその目的として掲げた（Cho-Ruwwe, 2017）。その数年後には，日本のジェンダー不平等に取り組み，ベルリンでネットワークを構築するベルリン女の会（Japanische Fraueninitiative Berlin）が日本人女性らによって西ベルリンで結成された（レンツ, 2021を参照）。どちらのグループも，祖国の変化を求めるディアスポラ的な志向を持っていたが，それをドイツにおける女性の権利，異文化間の承認，そして反人種差別を求める活動へと結びつけた。その後，日本のフェミニスト画家，冨山妙子（1921-2021）の展覧会をベルリンで開催するために在独韓国女性の会とベルリン女の会が出会い，協働した。そこには，東アジアにおける日本帝国主義そして韓国の独裁政権に関する作品が含まれていた。展覧会には多くの人々が訪れた。あるイベントでは，韓国と日本のフェミニスト

たちが，東アジアとドイツの女性解放の概念について，韓国，日本，ドイツの違いを考えながら語り合った。この会合は，個人的，政治的な経験や違いについて率直に話し合える空間を提供した。その後，韓国と日本の女性は，今日までとりわけ「慰安婦」問題について協働してきた（レンツ，2021）。このケースでは，植民地化した国の出身の移民女性グループと植民地化された社会の出身の移民女性グループが形成され，その後，ドイツにおけるフェミニズムの多様な空間で出会い，協働している。

　トルコの移民女性グループや，その他の移住をめぐる女性グループ（チリ，イラン出身者たち）は，1970年代後半から形成された。単一の国家や文化を背景とした集団もあれば，国境を超えた集団もあった（Lenz, 2010）。移住し働く女性のなかには，1970年代初頭に，組合全体の承認なしに行われる山猫ストライキに参加していた人々もいた。また，多様なイタリア，スペイン，トルコの労働者や，韓国人そして他の難民らによって結成された，1970年代の男性中心の移民組織に参加していた人たちもいた。したがって，一部は男性中心の運動の空間に入り込んでいたが，そこでは家父長的なジェンダー規範に適応しなければならず，個人的なジェンダー差別や女性のエンパワーメントの問題を提起することはできなかった[6]。そして，彼女らは女性運動の空間に入ったが，そこでドイツ中心主義や人種差別に直面した。彼女ら

脚注

(6)―――――　実際，この時代のドイツの女性たちは，政党や社会団体における同様の制約と闘い，これらの組織の内部に自分たちの空間を作るために組織的ネットワークを立ち上げていた（Lenz, 2010: 581-619）。

は，フェミニズム運動と移民運動の両方の橋渡しをしたが，どちらでもいささか疎外感を感じた。しかし，新しい女性運動の空間は，沈黙と従属という家父長制の規範に批判的で，彼女らは自律性，エージェンシー，エンパワーメントという価値観を参照することができたため，この空間で自律的な発言権とネットワークを得た。

　トランスナショナルな移民女性運動の出発点となった象徴的な出来事は，1984年の外国人・ドイツ人女性会議（Congress of Foreign and German Women）だった[7]。ドイツを含む多くの国々の1,000人以上の女性が，移民の法的境遇，庇護，少女，健康，人種差別，性差別といったテーマについて討論した。「私たちをつなぐものは何か」をテーマにしたワーキング・グループでは，移民の女性たちがドイツの女性やドイツのフェミニズムの人種差別を厳しく批判した。このように，ドイツのフェミニズムにおける人種差別の闘争は，自らの空間の中で明確化され，それはその後も続いていく（Lenz, 2010: 715-722）。この会議には，ドイツの黒人詩人メイ・アイム（1960-1996）をはじめとする多くの反人種差別主義フェミニズムのリーダーが集まった。彼女たちはいくつかの異なる方法で進んでいくことになる。一方において，反人種差別や反性差別の領域で活動する，多くの越境的あるいは単一文化的な集団が形成されることになる。他方において，これらのグループは，現住の（autochthonous）女性たちとの協働的な闘争関係を結び，反人種差別主義の議論を主流のフェミニズム運動に持ち込むことになる。この広

脚注

(7)――――Foreignという言葉は，現在では排斥的で差別的な用語とされるが，当時は移民やドイツ人女性によってこの名称が提案された。

範な同盟関係のなかで，彼女らは社会的・法的な変革を目指す（Lenz, 2019）。

　闘争関係の概念は，私の枠組みの二つ目の構成要素である。サブ・ムーブメントは，女性運動全体の広い空間の内部で，その言説や価値観を参照しながら組織化される。一方で，インターセクショナルな不平等に関する闘争は，外部からの攻撃としてではなく，運動空間の内部で発現し，実行される。したがってそれは開かれた空間を利用して，内部から運動に影響を与え，変化させることができる。

　ゲオルク・ジンメル以降の社会学では，闘争とは，特定の問題に対する社会的アクター間で社会的関係を形成するための一般的な様式とみなされる（Lenz, 2018a）。闘争は，高度に敵対的なものから協働的なものまで，さまざまなスタイルで成立しうる。闘争のアクターは，自らの目標を達成し，第三者や公共圏に影響を与えるために競い合う。フェミニズム運動に関する研究では，フェミニズムのなかで闘争するアクターに焦点が当てられ，どちらのグループが道徳的に適切に行動するか，あるいは「真実」に立っているかを判断するという，かなり規範的なアプローチがしばしばとられてきた。そのため，第三者や公共圏という重要な概念はあまり注目されなかった。ジンメルによれば，闘争関係は三者関係として捉えられるべきだという。すなわち，少なくとも二つの闘争・競合するアクターと，その両者が働きかけ支持を勝ち取ろうとする第三者としての公共圏からなる関係である。大衆を運動の中へと効果的に動員しその支持を獲得するという目的のために行われるこの競争によって，闘争は生産的かつ革新的に機能するのである。

　このようにして，ジェンダー闘争の作業的な定義を述べることができる——ジェンダー闘争では少なくとも二つの闘争的パートナーが社会

関係を形成し，公共圏／市民社会に影響を与えたり社会の変化を達成するために，女性にとっての正義やジェンダーの正義とは何かをめぐって争ったり交渉したりする（Lenz, 2018a）。女性にとっての正義，あるいはジェンダーにおける正義とは何かについて，そうしたグループはさまざまに意見を異にするだろう。たとえば，イスラムの女性運動ではヘッドスカーフを彼女たちの信仰の表現やセクシャル・ハラスメントに対抗するための道具と考えるかもしれないが，世俗的フェミニストはそれを家父長制の支配の象徴と解釈するかもしれない。もちろん，物質的な資源をめぐる競争や承認の追求など，他の動機も関係しうる。しかし，ジェンダーの正義における中心的な目的は本質的な道徳的基準をはらんでおり，さらにそれは絶対的なものになったり，本質化されたりしうる。

　それゆえに私たちは，社会運動における，交渉可能な闘争と交渉不可能な闘争を区別することができる。交渉可能な闘争では，闘争的パートナー同士は，バックグラウンドに拘らない女性の平等といった基本的な価値観を共有しながら，論争の的になる問題について交渉する。彼女たちの言説や行動によって，相互作用を通した革新的なアイデアで運動空間を満たしたり，移民女性労働者の組織のように新しい環境に手を伸ばして運動空間を拡大したりすることができるのである。このようなケースでは，社会の変化と革新のために機能する規制された闘争や協働的な闘争を語ることができるわけだ。一方，交渉不可能な闘争では，根本的な正義の問題が闘争のアクターらによって争点と捉えられている。性差別的・人種差別的排除の認識はそうしたものである。その結果，闘争のアクターらは，相手側との直接のコミュニケーションを閉ざし，公衆とコミュニケーションをとって相手側の非正

当性や道徳的逸脱を伝えようとすることもありうる。この閉塞は，運動の空間の縮小や分裂につながる可能性がある。ジェンダーと「人種」という観点から見たドイツのフェミニズムにおける現在の緊張関係と分裂については，最後の部分でまた触れたい。

1970年代後半から，移民女性運動が新しい女性運動の空間で自律的な声を上げ，民族中心主義や人種差別的として批判される，現住の女性グループと闘争関係を形成したことを私たちは見てきた。移民女性運動は運動全体にアピールすることで，人種差別との闘いを通して，自律性，平等，連帯という運動の価値を動員することができた。それによって現住のフェミニストから広く注目され，支持されたのである。

移民女性運動が出発して間もなく，アフリカ系ドイツ人の女性たちがドイツでブラック・フェミニズムの運動を始めた。1984年，アメリカの黒人レズビアン詩人オードリー・ロード（1934-1992）がベルリンに滞在した際に，彼女たちは集まった。1986年に出版された彼女らの著書 *Showing Our Colors*（Opitz et al., 1992）は，ドイツにおけるアフリカ系ドイツ人女性の運動に火をつけた。彼女たちのネットワークは，ブラック・ジャーマン・イニシアチブ（Initiative Schwarze Menschen in Deutschland, 以下ISD）におけるアフリカ系ドイツ人の組織化においても重要な役割を果たした。このイニシアチブは，ドイツにおける黒人の利益を代表し，彼／彼女らのネットワーク化と組織化を支援し，黒人意識を促進して人種差別に立ち向かうことを目的としている。人種差別的なステレオタイプでは，黒人は伝統的な家父長的姿勢を持っていると思われがちだが，ISDはフェミニズム支持の立場で，メンバーに多くのフェミニストの活動家がおり，クィアのワーキング・グループもある（Bergold-Caldwell et al., 2016; Lenz, 2010; ISDホームページ http://isdonline.de）。どちらのネット

ワークも，ドイツにおけるフェミニストとクィアの反人種差別主義の発展に主導的な役割を果たし，後にポストコロニアリズムのために従事した。これらのネットワークは，反人種差別主義的な政策や措置，さらには日常生活における記憶の脱植民地化，たとえば植民地時代の通り名の改名などについて，中央政府や連邦州と交渉している。2020年からは，ドイツのBLM運動も反人種差別主義のために強く携わっている。

運動における人種差別の闘争に対して，現住のフェミニストたちはさまざまな反応を示した (Lenz, 2010; Lenz, 2019)[8]。大部分はこの闘争に対して，議論に参加し，人種差別とそれを再生産することへの潜在的な参加可能性について自己反省的に問いかけることで応えた。これらの議論は，厳しい意見交換，教育活動，1990年代の強い衝突，現在の新しい議論まで，いくつかの段階を経た。この過程では，反人種差別主義の移民，黒人フェミニスト，クィア，そして現住のクィアとソーシャル・フェミニストとの間に脆弱な同盟関係が築かれた。

1990年にドイツが統一されたあと，国際的な方向性やジェンダーの方向性が主流の運動に影響を与えた。しかし，それと同時に，極右の人種差別主義者や反フェミニストの勢力が激しく動員され，多くの人種差別的なヘイトクライムや，移民の家に火をつけるなどの殺人事件が発生した。フェミニストたちは，このような暴力の波に抗議し，人種差別的暴力に対抗する地域の同盟に参加した。

フェミニストたちは，反人種差別主義を政治的な議題にすることにも

脚注

(8)──── フェミニストの反応についての研究はないため，私の個人的な印象と，これらの重要な出来事についての概要を述べることしかできない。

成功した。1990年，あらゆる政党の著名な女性政治家や労働組合，社会福祉団体のリーダーたちが，文化的多様性，尊重，社会的平和，そして人種差別的な極右の暴力に対する先駆的な訴えを行い，その後，市民社会の他の勢力がキャンドルを灯すなどの平和的な行動で抗議した（Lenz, 2010）。1997年には，広域にわたるフェミニストの同盟が，ドメスティック・バイオレンスの被害者となった外国人パスポートを持つ妻たちのために，独立した滞在権を求める闘いに成功した。それ以前は，外国人パスポートを持つ妻がドメスティック・バイオレンスから逃れるために離婚すると，滞在権が結婚と結びついていたため，強制送還される可能性があった（Lenz, 2010: 1067）。当時，移民の権利を実際に向上させる取り組みはこれだけだった。

このように，黒人と移民の女性たちの運動は，フェミニズムの空間から始まって発展してきた。女性たちは，反人種差別主義的な議論や行動を繰り返すことで，運動全体の考え方や実践に影響を与えることができたのである。

ここで，女性運動全体における彼女たちの存在の重要性についてまとめてみよう。1970年代の周縁的な立場から出発して，移民や黒人女性のグループやネットワークは，現在ではフェミニストの空間に積極的に参加し，インターセクショナリティ，反人種差別主義，文化的・宗教的多様性の問題を提起している。長らく，しかし特にドイツにおけるBLM運動のインパクトの後は，これらのテーマはドイツの女性運動の中心となっている。

さらに，黒人や移民の女性の運動の組織やネットワークが増え，強固になってきた。ドイツの女性省の財政的支援を受けて，彼女たちはDaMigra（https://www.damigra.de）[9]という統括団体を設立した。

DaMigraには71の女性組織が加盟している。アムネスティ・フォー・ウーマン（Amnesty for Women e.V.），在独韓国女性の会，ライプツィヒのインターナショナル・ウーマン（International Women, Leipzig），ザクセン＝アンハルト州のユダヤ人女性ネットワーク，ベルリンのトルコ人女性連合（The Turkish Women's Union, Berlin）など，単一国家的や越境的なグループ（移民や現住の人々を含む）が参加している。DaMigraはドイツ女性協議会のメンバーであり，大規模なフェミニストイベントに加わる。過程的インターセクショナリティの観点から見ると，女性運動全体における黒人や移民の女性運動の位置づけは，1970年代の周縁化や一部の人種差別を伴う受容から，2020年代初頭の多様な派の一つとしての闘争的な参加へと変化している。

4 交渉可能・交渉不可能なジェンダー闘争とフェミニストの社会的空間

しかし，闘争を伴う参加という言葉は，そこに関与する膨大な感情やエネルギーの投資を考えると，あまりにも簡単に聞こえるかもしれな

脚注

(9)――――連邦男性フォーラム（Bundesforum Männer, https://bundesforum-maenner.de）も同様のケースである。ジェンダー支持的な対話やフェミニスト支持の男性連合が，女性省から一部財政支援を受けた全国レベルの組織に参加している。彼らはドイツ女性協議会（The German Women's Council）と対話しながら活動しており，ときに反フェミニストの男性グループから強く攻撃されることもある。

い。そこで最後に，運動空間と闘争の意味の相互関係の議論に戻りたい。ここまで私は，女性の運動が個人と公衆の間をつなぐ独自の空間を作り出したこと，ドイツでは黒人や移民の女性が新しい女性運動に参加し，その空間の内部から人種差別や不平等に関するインターセクショナルな闘争を引き起こしたことを論じてきた。そこで私は，闘争するアクターが何をジェンダーの正義と考えるかをめぐるジェンダー闘争という概念を紹介し，それはアクターにとって交渉可能なもの，あるいは交渉不可能なものだと考えられるということを論じた。ジェンダーの正義，そして「人種」あるいは文化的正義を中心に据えたジェンダー闘争は，平等，自律性，人間の尊厳といった本質的な道徳基準をはらんだ価値観をめぐるものであり，基本的には交渉不可能なものである。現在，グローバルな女性運動や平等主義的な政治哲学は，たとえば，北京で開催された，第四回世界女性会議の宣言（国際連合，1995）にも現れているように，これらの価値観が普遍的なものであるという文化を越境した同意を取り付けている。しかし，これらの価値観は，ドイツにおけるヘッドスカーフの問題のように，特定の歴史的・文化的文脈のなかでフレームされることがほとんどだ。したがって，これらの普遍的な価値は，特定の文脈に翻訳されたり，グローカル化されており，このような混合された構成の過程[10]において，ローカルに受け入

脚注

(10)―――他の地域からのフェミニストのアプローチの受容と変容を考える際に，翻訳
　　　　（translation）ではなく混合された構成（blended composition）について述べる
　　　　こととする。なぜなら，フェミニストの考えを地域の意味とニーズに合わせて変
　　　　化させ，適応させるというこの過程が重要だからだ。Lenz（2022）を参照のこと。

れられる意味を獲得する。また，これらは，特に支配的な多数派や新植民地主義的な勢力に対抗するコミュニティが文化的，国家的，宗教的に自己主張をする文脈において本質化されることもある。

　だからこそ，ジェンダーと「人種」の闘争は，交渉可能なものと交渉不可能な位相に発展しうる。このような闘争は，交渉可能な形をとったときには生産的で革新的なものとなり，新しい意識，より多様な声，フェミニズムへの参加や制度的多様性へとつながった（Lenz, 2010）。しかし，交渉不可能な闘争は，フェミニストの社会的空間の分極化や分裂，分断を助長することもあるだろう。

　国際的な女性運動では，交渉不可能なジェンダー闘争の例がいくつかあるが，それらはセクシュアリティに集中することが多い。たとえば，1970年代後半にアメリカで起こったポルノグラフィーに関する論争では，急進的なフェミニストがポルノグラフィーを家父長的な暴力として攻撃したが，後にクィアと呼ばれる文脈のなかでは「セックス・ポジティブ」の潮流が作られた。現在，イギリスとアメリカにおいて，トランスジェンダーの権利をめぐる闘争は，フェミニスト空間でも一般市民の間でも激しい感情と攻撃性を伴って争われており，交渉不可能なもののように見える。日本では，フェミニズムにとっての「慰安婦」問題の意味をめぐる闘争は，性暴力の問題であると同時に，日本の植民地主義・帝国主義に対処するポストコロニアルな和解の問題としても捉えられ，また，ときに交渉不可能となる傾向があった。

　過去十年間，ドイツでは，いくつかの交渉不可能な闘争が生まれている。ジェンダーと移民の分野では，特にイスラム教徒に敵対するかたちでの人種差別と移民をめぐる闘争，そして東アジアや東欧からの非正規または人身売買された移民女性のセックスワークをめぐる闘争

である (Lenz, 2018bを参照)。前者では，公共の場でのヘッドスカーフに関して，それがフェミニストの自律性を意味するのか，あるいは家父長制の支配を意味するのかをめぐって激しい議論が交わされてきた。一方で，黒人のクィアおよび有色人のクィアと，現住の反人種差別主義のクィア・フェミニストの間では強力な同盟が形成されている。それは，文化や宗教，「人種」，セクシュアリティ，あるいはトランス*(trans*)やインター*(inter*)による排除を拒絶し，包摂をするという考え方に基づいている。この「排除を排除する」という基本原則が，思いがけない同盟の動機となっている。たとえば，反人種差別主義のクィアは，イスラム系フェミニストが学校や公共サービスの仕事でヘッドスカーフを着用することを要求するのを大部分で支持しており，国や制度による禁止は，身体を着飾るという個人的な選択に対する侵害であり，人種差別であるとみる。また彼らは，イスラム主義勢力やヘッドスカーフへの批判をしたり，またそのような国家政策を支持したりするフェミニストを人種差別主義者として攻撃する。特に若いクィアやストレートの人たちの間では，反人種差別主義的なクィア・フェミニズムが多数の人々の支持を得ている。

　ヘッドスカーフを家父長的な宗教やコミュニティにおける女性の従属の象徴とみなすグループも存在する。そうしたグループはイランなどのイスラム諸国でベールを拒否する女性が弾圧されていることを指摘し，ドイツのジェンダー平等を転覆させる権威主義的な家父長制の宗教勢力に警告を発する。こうしたグループは，性的権利やリプロダクティブ・ライツに反対する家父長的なキリスト教グループも攻撃しているが，イスラム教をめぐっては，反人種差別主義的なクィア・フェミニストに対するその批判が，イスラモフォビアな極右の権威主義的勢力によって

利用される可能性がある (Hark & Villa, 2021)。この意味で、こうしたグループは自分たちをトランスナショナルな反人種差別主義のフェミニストと見なしているが、その批判は人種差別的な効果を持ちうるのである。

　反人種差別主義のクィア・フェミニストと現住のセックスワーカーは、客に制裁措置を取ることで売春を廃止するという北欧モデルの導入をめぐる闘争において、急進派や廃止派のフェミニストとも対峙する。前者は、女性の身体に対する自律性を主張し、それは彼らの目にはセックスを売ることにも及ぶとし、セックスワーカーに対する差別禁止を議論する。彼らは売春を一般の職業と考え、人身売買や強制移住させられた売春婦の状況を副次的な問題と捉えている。後者のグループは、売春は女性に対する暴力であり、少なくとも家父長制による女性の搾取であると考えている。これらのグループは、2001年に売春が完全に合法化された後にドイツでそれが急激に増加していることや、移民のセックスワーカーが経験している差別や暴力を指摘している。この両陣営がフェミニストの空間や公共空間に影響を与えようとするなかで、この両者の間でのコミュニケーションは崩壊してしまった(Lenz, 2018b)。

　これとは対照的に、2016年12月31日にケルンで起きた一部の移民男性による性暴力の後、人種差別に関する闘争は交渉可能なものとなった。この衝撃的な出来事の後、マスメディアや極右の人種差別勢力は、すべての移民あるいはイスラム教徒の男性を性加害者として攻撃し、ステレオタイプ化した (Hark & Villa, 2021)。一部のラディカル・フェミニストもこのステレオタイプ化に加担した。このような状況のなかで、前述の闘争の両サイドから参加した反人種差別主義者の移民と現住のフェミニストたちは、「例外なく (Without exception, ドイツ語ではausnahmslos)」という公的な訴えを行い、加害者の性別や出身地にかか

わらず性暴力は制裁されるべきだと要求し，効果的な予防と介入を呼びかけた（https://ausnahmslos.org）。このアピールは大きな反響を呼んだ。また，ジェンダーに基づく暴力や人種差別に対する取り組みにおいて，フェミニストの空間を再現し，フェミニスト間の架け橋を築くことにも貢献している（Lenz, 2018b）。

　ドイツやヨーロッパにおけるナショナリストや人種差別主義的な動きの増加とともに，インターセクショナルな闘争は，将来的にあらゆるフェミニズムに深い課題をもたらすだろう。この問題についての研究と国際的な意見交換，および問題を理解し解決する方法が早急に求められているのである。

謝辞　本稿の翻訳にあたっては，明治大学情報コミュニケーション学部ジェンダーセンターの助成を受けました。

引用・参考文献

橘木俊詔（2008）『女女格差』東洋経済新報社

溝口明代・佐伯洋子・三木草子［編］（1992）『資料 日本ウーマン・リブ史Ｉ』松香堂

溝口明代・佐伯洋子・三木草子［編］（1994）『資料 日本ウーマン・リブ史Ⅱ』松香堂

溝口明代・佐伯洋子・三木草子［編］（1995）『資料 日本ウーマン・リブ史Ⅲ』松香堂

レンツ，Ｉ／浜田和子［訳］（2021）「ベルリンの冨山妙子——フェミニストのアーティストがどういう風にしてトランスカルチャーの空間とネットワークを大きくすることができたのか？」『東洋文化』101：175-191頁

Bergold-Caldwell, D., Digoh, L., Haruna-Oelker, H., Nkwendja-Ngnoubamdjum, C., Ridha, C., & Wiedenroth-Coulibaly, E. (Hg.) (2016). *Spiegelblicke: Perspektiven Schwarzer Bewegung in Deutschland*. Berlin: Orlanda Frauenverlag.

Breines, W. (2006). *The trouble between us: An uneasy history of white and black women in the feminist movement*. Oxford: Oxford University Press.

Cho-Ruwwe, K.-N . (2017). *30 Jahre der koreanischen Frauengruppe in Deutschland* [Online]. Veröffentlicht am 18. Mai. 2017, ⟨https://koreanische-frauengruppe.tistory. com/266?category＝615060 (Zugriff: 28. Mai 2021)⟩

Collins, P. H., & Bilge, S. (2016). *Intersectionality*. First Edition. New York: John Wiley & Sons. 〔Second Editionの邦訳：パトリシア・ヒル・コリンズ, スルマ・ビルゲ／小原理乃訳, 下地ローレンス吉孝監訳『インターセクショナリティ』人文書院, 2021年〕

Crenshaw, K. (1989). Demarginalizing the intersection of race and sex: A black feminist critique of antidiscrimination doctrine, feminist theory and antiracist politics. *University of Chicago Legal Forum*, 8: 139-167.

Dennert, G., Leidinger, C., & Rauchut, F. (Hg.) (2007). *In Bewegung Bleiben: 100 Jahre Politik, Kultur und Geschichte von Lesben*. Berlin: Querverlag.

Gunda-Werner-Institut (Hg.) (2019). *"Reach everyone on the planet...": Kimberlé Crenshaw und die Intersektionalität* ⟨https://www.boell.de/de/2019/04/16/reach-everyone-planet (Zugriff: 8. Mai 2019)⟩

Halsaa, B., Roseneil, S., & Sümer, S. (Eds.) (2012). *Remaking citizenship in multicultural Europe: Women's movements, gender and diversity*. Basingstoke: Palgrave Macmillan.

Hark, S., & Villa, P.-I. (2021). *The future of difference: Beyond the toxic entanglement of racism, sexism and feminism*, translated by Lewis, S. A. London: Verso. Ebook.

Klinger, C., Knapp, G.-A., & Sauer, B. (Hg.) (2007). *Achsen der Ungleichheit: zum Verhältnis von Klasse, Geschlecht und Ethnizität*. Frankfurt am Main/New York: Campus.

Lenz, I. (Hg.) (2010). *Die Neue Frauenbewegung in Deutschland: Abschied vom kleinen Unterschied. Eine Quellensammlung*. 2. Auflage. Wiesbaden: VS Verlag.

Lenz, I. (2018a). Streit, Geschlecht, Konflikt? In Lautmann, R. & Wienold, H. (Hg.) *Georg Simmel und das Leben in der Gegenwart*. Wiesbaden: Springer VS., pp. 209-226.

Lenz, I. (2018b). Von der Sorgearbeit bis #Metoo: Aktuelle feministische Themen und Debatten in Deutschland. *Aus Politik und Zeitgeschichte*, 17: 20-27.

Lenz, I. (2019). Intersektionale Konflikte in sozialen Bewegungen. *Forschungsjournal soziale Bewegungen*, 32(3): 408-423.

Lenz, I. (2020). Globaler flexibilisierter Kapitalismus und prozessuale Intersektionalität: Die Veränderungen nach Geschlecht und Migration in den Berufsrängen in Deutschland. *Österreichische Zeitschrift für Soziologie*, 45: 403-425.

Lenz, I. (2022). Differente Partizipation: Frauenbewegungen in Japan. In Mae, M., & Lenz, I. (Hg.) *Frauenbewegung in Japan: Gleichheit, Differenz, Partizipation*. Wiesbaden: Springer.

Löw, M. (2001) *Raumsoziologie*. Frankfurt am Main: Suhrkamp.

Löw, M., Sayman, V., Schwerer, J., & Wolf, H. (Hg.) (2021). *Am Ende der Globalisierung. Über die Refiguration von Räumen*. Bielefeld: transcript.

Opitz, M., Oguntoye, K., & Schultz, D. (Eds.) (1992). *Showing our colors: Afro-german women speak out*, translated by Adams, A.V. Amherst: University of Massachusetts Press.

Pries, L. (2008). *Die Transnationalisierung der sozialen Welt: Sozialräume jenseits von Nationalgesellschaften*. Frankfurt am Main: Suhrkamp.

Sudbury, J. (1998). *'Other kinds of dreams': Black women's organisations and the politics of transformation*. London: Routledge.

Time. (2017). '700,000 Female Farmworkers Say They Stand With Hollywood Actors Against Sexual Assault', *Time*, 10th November 〈https://time.com/5018813/farmworkers-solidarity-hollywood-sexual-assault/ (Accessed: 15th September 2021)〉

歴史学におけるジェンダー研究の展開

——アメリカ史の場合

兼子歩

1　ジェンダーの歴史学の登場

　歴史学におけるジェンダー研究の重要な画期となったのは，アメリカのフランス史家ジョーン・W・スコットによる1986年の論文「ジェンダー──歴史分析の有用なカテゴリー」である(Scott, 1986)。従来の「ジェンダー」概念の用法を批判的に整理し，歴史学に適合した形での定義を提唱したことで，ジェンダーは米英を中心とした世界中の歴史学者によって広範に利用される分析概念となった(ローズ, 2016)。日本では1992年に荻野美穂が上記論文を収録したスコットの著書を邦訳し（スコット, 1992)，彼女の議論が広く知られるようになった。さらに雑誌『思想』1999年4月号で「ジェンダーの歴史学」と題した特集が組まれてから22年以上，2004年末にジェンダー史学会が結成されて16年以上が経過し，日本の歴史学においてもジェンダー概念はすでにある程度定着したといえる。2020年秋に国立歴史民俗博物館が開催した企画展示「性差(ジェンダー)の日本史」は，日本史分野におけるジェンダー史研究の優れた蓄積を紹介して話題となった。この展示の要約は，21年に新書として刊行された(国立歴史民俗博物館, 2021)。

　スコットが上記論文で整理・再定義したジェンダー概念は，ひとつには，社会の中で男性および女性に属するとみなされる性質や有することが望ましいとみなされる性質（男らしさ・女らしさ）が，本質的な身体的差異に決定されたものではなく歴史の中で社会的に構築されたものであることを確認したが，それだけではなかった。彼女はジェンダーを「身体的差異に意味を付与する知」であると述べ，社会が身体的性差（と仮定されるもの）に基づいて組織化され，権力関係が形成される過程に注目すべきことを指摘する。これは時間軸を重視する歴史学が最も

貢献できるアプローチである。もうひとつは，特定の権力関係を指し示す第一義的な方法としてのジェンダーである。つまり，政治経済や外交・軍事など，従来はジェンダーとは無縁とされてきた領域における権力の組織化が，実際には性差の言説を通じて正当化され，生産されてきたことに注目するのである。

　筆者の専門領域であるアメリカ合衆国史に議論を絞ると，この数十年間にスコットが提唱したようなジェンダー概念を踏まえて盛んになった研究の方向性を，大きく四点に分けることができる。インターセクショナルな女性史，クィア・ヒストリー，男性史，ジェンダーの政治外交史である。

2　　　インターセクショナルな女性史

　インターセクショナリティ(intersectionality)は，米国の法学者キンバリ・クレンショー（Kimberlé Crenshaw）が主に公民権法に関連して提起した概念である（Crenshaw, 1989; Crenshaw, 1991）。公民権法では雇用について人種および性別に基づいた差別を禁止しているが，クレンショーは，両方の属性によって同時に定義された黒人女性がどちらの属性に規定された集団においても周縁化され，結果として不可視化されていることを指摘し，ジェンダーと人種・階級・世代・障害の有無など，複数の社会的カテゴリーの交錯によって生じる固有の状況に着目することの必要性を訴えた。彼女の議論は法学を超えて広く人口に膾炙し（飯野, 2021; コリンズ・ビルゲ, 2021。また，第2章のレンツ論文も参照），近年ではアメリカのフェミニズム運動をはじめとした社会アクティビズムの

用語としても定着しつつある（兼子, 2019）。

　アメリカ女性史の草創期は白人中産階級の女性を「女性」一般として研究対象とし，多数の成果を生み出した。この層の女性が日記や書簡など最も多くの一次史料を遺していたことは大きいが，彼女たちが人種や階級によって周縁化されない存在であるがゆえに「女性」代表のように扱われる傾向があり，研究者も白人中産階級以上の出自の女性が多かったことも背景にあった。

　しかし多文化主義の影響もあり，1990年代以降の研究はインターセクショナルな視点を女性史にも導入した。黒人・先住民・移民・労働者階級の女性に関する歴史研究が進展し，人種や階級など社会的な権力関係を指し示すカテゴリーによって，女性のあいだでも経験や世界観や持ちうる資源やステレオタイプ化された期待などが異なっており，そして女性間に不平等な権力関係が存在してきたことが明らかにされてきた。論文集『不平等な姉妹たち』は，1990年に第1版が刊行され，収録論文を増加・多様化させながら，2008年の第4版まで出版された（デュボイス＆ルイス, 1997）。

　この領域の研究は非常に多数かつ多様であるが，研究成果が豊富な領域のひとつとしては，公民権闘争やブラック・パワー——近年では両者を明確に区分せず，かつ1950年代〜60年代におさまらない長期的な現象として黒人自由闘争（Black Freedom Struggle）とも呼ばれる——における，女性活動家たちの研究である。黒人女性活動家が公民権闘争やブラック・パワー運動において重要な役割を果たしたことを指摘するのみならず，男性が独占する傾向にあった指導層と草の根の女性活動家のあいだの緊張，自由闘争におけるブラック・フェミニズムの争点や想像力が発掘されていった。黒人女性活動家たちの

自由闘争への参加において，性暴力が重大な争点であったことの発見など，ジェンダー分析を無視して人種にのみ焦点を当ててきた従来の研究では見えなかった，当時の自由闘争の多面性が可視化され，そのことはジェンダーという争点が黒人自由闘争にとって本質的重要性をもっていたことも明らかになった（Greene, 2005; McGuire, 2011; Spencer, 2016; Blain, 2018など）。

　他方，過去の研究でジェンダーのみに定義された「女性」として理解・分析されてきた白人の女性の歴史を，人種とジェンダーの交錯という視点から批判的に再検討する研究が，近年では増加している。たとえば，奴隷制時代南部のプランター階層に属する白人女性たちが，単なる白人男性奴隷所有者に従属する存在という以上に，奴隷制の維持・再生産に積極的役割を果たしていたことが明らかになった。南北戦争後には旧南部連合軍を顕彰する記念活動を白人女性が主導し，白人至上主義と男性権威の再確立に貢献したこと，また，白人女性たちが「母親」というイメージや母性をめぐる言説を積極的に利用しながら，20世紀転換期の南部人種隔離体制の成立と維持から1960年代の公民権闘争に対する抵抗にいたるまで主体的に参加していたことなども指摘された（Cox, 2003; Janney, 2008; McRae, 2018; Jones-Rogers, 2019など）。こうした研究は，人種関係の構築・維持・再編をジェンダーが媒介していたこと，女性のエイジェンシーはジェンダー以外の権力関係の形成にも発揮されうることを示した。ドナルド・トランプを支持する白人「ナショナリスト」運動に参加する白人女性たちが注目されている昨今（Derby, 2020），こうした研究は右派政治運動におけるジェンダーの役割を可視化する上でも示唆するところが多い。

3　　　クィア・ヒストリーと男性史

　性的指向や性自認における少数派の歴史は，以前は不可視化されていたが，同性愛者の歴史を発掘する試みやゲイ解放運動史の研究を皮切りに（Katz, 1983; D'Emilio, 1983など），近年急速に進展しつつある。性的指向や性自認という概念そのものの歴史性もまた，積極的な研究の対象となりつつある。古典的研究としては，ゲイ・ヒストリーの草分けであるジョージ・チョーンシーの研究が，20世紀初頭の都市空間において「フェアリー」と呼ばれた，男性と性的関係を持つ男性が可視的な存在であったこと，かれらに対する社会の認識やかれら自身のアイデンティティが異性的と仮定される装いや振る舞いによって表現されていたこと，それは性的指向と性自認とジェンダー表現が区別されず未分化だった時代に特有のものであったことを明らかにした（Chauncey, 1994）。その後の研究は，第二次大戦後に叢生した「ホモファイル運動」と呼ばれる同性愛者権利運動が，性的指向と性自認・ジェンダー表現を分離し，主流社会の〈男らしい〉〈女らしい〉振る舞いや服装の規範に積極順応することで，同性愛の地位向上を図ったことを指摘した（Meeker, 2001; Loftin, 2007）。最近では，そのような歴史の中で不可視化されてきたトランスジェンダーの歴史を再発見する試みも進められている（Stryker, 2017）。

　さらに，身体的差異そのものの歴史性を問う研究も登場しており，それらの研究は生物学的性差＝セックス／社会的性差＝ジェンダーという二項対立自体を相対化し，セックスもまたジェンダー＝社会的な構築物であることを明らかにする。どの身体的差異にどんな意味を付与するかという点にこそ注目するスコット的なジェンダー概念の典型例

である。トマス・ラカーの古典的研究は，西洋医学テクストを渉猟し，女性を男性の身体に対する未完成な存在と理解してきた「ワンセックス・モデル」が18〜19世紀にかけて男女身体の対極的性質を強調する「ツーセックス・モデル」へと移行したことを明らかにした。近年のアメリカ史研究は，この同じ時期に人間の性差を二種類に限定していく身体観が確立し，出生児の生殖器手術などを通じて人間の身体を新しい身体観に強制的に合わせる実践が広がったこと，つまりインターセックスが存在し得ない性差観が社会と身体を規定するようになったことを明らかにする（ラカー，1998; Reis, 2009）。また，第二次大戦後のアメリカ社会の中で，トランスセクシュアルというカテゴリーが当事者・医療関係者・主流社会のあいだの緊張をはらむ折衝を経て構築されていった過程を明らかにする研究も登場した（Meyerowitz, 2002）。

　性差の社会的構築性への着目は，かつてはジェンダー分析の対象とみなされなかった男性を対象とするジェンダーの歴史学の登場も促した。1980年代に始まり90年代に本格化したアメリカ男性史研究については筆者自身，何度も研究動向について論じてきたので（兼子，2006，またローズ，2016も参照），ここでは詳細を繰り返さない。男性史研究がジェンダー史および歴史学全体に対してなしうる貢献の一つは，女性が実体として不在の時期が長かったがゆえに女性史研究の対象にはなりにくかった領域について，男性および男性性に光を当てることでジェンダーがそうした領域の歴史においても重要であったことを明らかにできる点であろう。その意義は特に政治や外交のジェンダー史に表れる。

4　　　政治・外交・国家制度とジェンダー

　女性史が歴史叙述全体の書き換えを促しうる潜在力は，かつては
女性史を社会史の下位分野と位置づける傾向によって，過小評価さ
れてきた。それは，女性が公的領域の正式なアクターとしては排除さ
れていた歴史の長さが原因であるが，公的領域＝男性，私的領域＝
女性という伝統的フィクションによって，政治史や外交史がジェンダー
とは無縁の領域として保全され続けてきたことにもよる。政策史や国
家制度史におけるジェンダー分析は，国家の私的領域への介入であ
り，女性が明示的に制度による支援や管理・統制の対象となる福祉国
家については早い時期から盛んであったが（たとえば，Gordon, 1994;
Mink, 1995など），それ以外の分野においてはジェンダーが無縁である
かのように扱われて久しかった。

　だが，性差そのものではない権力関係を正当化する第一義的な方
法としての性差言説というスコットのジェンダー概念を用いることで，
政策史や政党政治史，外交史などの分野もまたジェンダー分析が積
極的に導入されるようになった。

　たとえば，女性労働史で知られるアリス・ケスラー＝ハリスは，20世
紀のアメリカ社会政策を幅広く検討し，母親年金のような福祉制度の
みならず，一見ジェンダー中立的な失業保険制度や労働者を保護し
労働条件を規制する諸立法，累進所得税などさまざまな法律が，労働
を男性化し，女性労働を周縁化し，主婦としての女性を規範化して
いったことを明らかにした(Kessler-Harris, 2001)。

　20世紀転換期の政党政治のジェンダー史研究は，この時期に台頭
した新しい男性政治家たちが，軍隊をモデルに攻撃的姿勢を〈男らし

い〉政治家像として打ち出し，政敵の男性を〈男らしさ〉が欠如した存在，特に同性愛者として描くことでその正当性を否定する政治文化を普及させたことを指摘する。こうした動きが，女性参政権運動が興隆した時代と軌を一にしたのは偶然ではなく，政治と〈男らしさ〉の結びつきの強化が1920年に女性参政権を獲得した後の女性の政治参加を阻害した要因のひとつであったという（Murphy, 2010）。

　外交史や植民地支配の歴史もまた，ジェンダー分析の対象となった。米西戦争やキューバ保護国化，フィリピン植民地化戦争を正当化あるいは非難する言説は，常に〈男らしさ〉の証明や優劣や回復や喪失を表す言語によって分節化されていた（Hoganson, 1998）。あるいは，冷戦政策の担い手たちが抱く国際政治や安全保障上の脅威やソ連に関する認識が，いかに特定のエリート主義な〈男らしさ〉への執着と，〈男らしさ〉が否定される可能性への不安を表す言語によって構成されていたのかを明らかにする研究も登場した（Costigliola, 1997; Dean, 2001）。米国におけるアメリカ外交史の学会誌である『ディプロマティック・ヒストリー（*Diplomatic History*）』誌も，2012年9月号では「アメリカ対外関係におけるジェンダーとセクシュアリティ（Gender and Sexuality in American Foreign Relations）」と題する特集を組むに至っている。

　いずれの研究も，女性が存在する場だけでなく，女性が身体的には不在あるいは不可視化されてきた場においても，あるいはそのような場だからこそ，権力関係を媒介し，形成する言説としてのジェンダーが利用され，働いているということを明らかにする。ジェンダー史というアプローチは，人間の営みのありとあらゆる領域がジェンダーと無縁ではありえないことを証明するのである。

5   歴史叙述の不可欠の要素としてのジェンダー

　ジェンダー史研究が今後取り組むべき課題のひとつは，歴史叙述のなかでジェンダーという要素を不可欠のものとして組み込んだ語りを提示することであろう。

　このことが極めて困難であることは，現在日本語で手にすることのできるアメリカ史の通史的な叙述を目にしても明らかである。アメリカで出版され，日本語訳された女性史の通史『自由のために生まれて』『女性の目からみたアメリカ史』（エヴァンズ，2005; デュボイス＆デュメニル，2009）は，それぞれ非常に優れた歴史叙述であるが，主流の「アメリカ史」叙述を書き換えるインパクトは与えていない。

　近年岩波新書として刊行された4巻構成によるアメリカ史の通史「シリーズ アメリカ合衆国史」は，どの巻も，近年の研究動向を巧みに取り入れてアメリカ史の展開を簡潔にまとめた，優れた概説である（和田，2019; 貴堂，2019; 中野，2019; 古矢，2020）。だがそのなかで，ジェンダーがどれほど叙述のなかに組み込まれているかといえば，第1巻にはジェンダーという言葉は一切登場せず，女性に対する言及もごく短く，二箇所のみである。第2〜4巻は叙述に女性の経験やジェンダーを無理なく加えているが，いずれも挿話的であるか，あるいは女性／ジェンダーを別の（著者にとってより重要な）歴史叙述の軸の具体的事例のひとつとして紹介しており，つまりジェンダーを歴史の原動力にとっての従属関数として扱っている。つまり，ジェンダーを取り除いたとしても成立する叙述である。多くの他の既存のアメリカ史の教科書も，女性史・ジェンダー史に対する言及は同様であるか，さらに少ない。

　果たして，ジェンダーを不可欠の要素として組み込み，社会史と政

治史を総合したアメリカ史叙述はどうすれば可能なのか。ひとつの手がかりとして、ここで社会史家ステファニー・マッカリーによる、19世紀前半から南北戦争期の南部の社会と政治に関する議論を参照したい。

　マッカリーが検討した南北戦争以前の合衆国サウスカロライナ州沿岸部地域の白人社会は、多数の奴隷と広大な土地を所有する白人プランター（プランテーション所有者）と、小さく痩せた土地を所有し奴隷を持たないか所有しても数名という規模の白人ヨーマン（独立自営農民）に分かれ、少数のプランターが地域の経済と政治を支配していた。人口ではプランターに対する多数派たるヨーマンの潜在的反感は少なくなかったが、両者が決定的な政治的対立に至らなかった理由の一つが、人種化された〈男らしさ〉の価値観の共有であった。

　ヨーマン男性は、自分が黒人奴隷を所有する（ことのできる）白人の自由人であり、他の男性に生活を依存しないための生産手段を（貧しくとも）所有する独立した存在であること、そして保護・扶養を通じて自己に従属する家族の女性と子どもを支配・監督する家父長であることに〈男らしさ〉を見出しており、そのアイデンティティは徹頭徹尾、世帯主であることに由来していた。彼らは貧しい中でも、家族の女性の守護者であり他者に依存しない独立した男性であるという体面を維持するために努力を惜しまなかった（たとえば、人手不足から妻を農場で働かせたとき、その事実をいかに他の住民から隠すかに腐心した）。貧富の格差はあれど、プランター男性もこの〈男らしさ〉観を共有しており、プランターはヨーマンたちとの男同士の対等な交流を演出することで支持を獲得した。1860年の選挙結果を受けて、サウスカロライナ州のプランター政治家たちは奴隷制を維持するために合衆国からの脱退を企てた。このとき彼らは、奴隷を所有しないヨーマンの支持を取り付けるために、

合衆国脱退とは家父長的な「家族」と「財産」——プランターにとっては奴隷と土地だが，ヨーマンも小さな土地は所有していた——を専制的な連邦政府と北部から守る，すべての男たちの「自由」のための戦いであると主張することで，脱退宣言を成功させた（McCurry, 1997）。家父長的で人種化されたジェンダー観に根ざす〈男らしさ〉と「自由」概念こそが，南部政治におけるプランターの支配と，合衆国脱退にいたる政治的決定を可能にしていたのである。

　このような経緯から建国を宣言された「アメリカ連合国（南部連合）」は，奴隷および／あるいは土地を所有し女性や子どもを支配・保護する世帯主白人男性たちの想像の共同体であった。そのことは，南北戦争における南部連合の盛衰に深い刻印を残すことになった。

　自己の財産を保護する世帯主男性の権威を尊重するために，多数の奴隷を所有する世帯主に認められた徴兵免除は，奴隷を持たないヨーマンの不満を拡大し，〈男らしさ〉に根ざす連帯に亀裂を生じさせた。

　徴兵によって父や夫や息子をとられたヨーマン世帯の女性たちは，戦時下に困窮すると，自分を保護扶養する男性を国家に取られた「兵士の妻」としてのアイデンティティを強め，夫の代わりに国家によって救済される資格があると認識するようになり，やがて南部各地で食糧暴動を起こした。南部連合政府高官は，世帯内の扶養・被扶養関係に国家が介入することで世帯主男性の権威を損ねることを恐れ，対策が後手に回り混迷を深めた。

　そしてヨーマン層出身の兵士たちの戦意は妻子を扶養し敵から保護する家父長的〈男らしさ〉にもとづいていたため，妻子が困窮していると知ると南北戦争末期には家族を扶養するために軍から脱走するものが相次ぎ，南軍の崩壊を早めた。脱走兵にとって，脱走は臆病さ

ではなく，世帯主男性の権威の前提としての扶養義務を果たそうとする
〈男らしい〉行為であった(McCurry, 2012)。白人家父長的な〈男らしさ〉
観が可能にした新国家建設の企ては，そのジェンダー観にはらまれた
矛盾によって，内部から崩壊したのである。

　マッカリーの南部史においては，政治がいかに特定の〈男らしさ〉の
価値体系によってジェンダー化されていたかを明らかにする白人男性
性の歴史を通じて，プランテーション奴隷制経済史と南部政治史・女
性史・家族史が相互に関連しながら，ひとつの歴史叙述を構成してい
る。ジェンダーは，叙述全体を貫く，南部史の展開を説明するために
不可欠な要素として機能している。

　このようなアプローチは，女性史・ジェンダー史の知見を歴史叙述
全体にとって不可欠のものとし，真に総合的な歴史叙述を試みる上で，
有益なのではないだろうか。

引用・参考文献

飯野由里子(2021)「インターセクショナリティ(交差性)」『ジェンダー史学』第17号, 59-64頁
エヴァンズ, S・M ／小檜山ルイ・竹俣初美・矢口祐人・宇野知佐子［訳］（2005）『アメリカ
　の女性の歴史——自由のために生まれて』第二版, 明石書店
兼子歩(2006)「男性性の歴史学——アメリカ史におけるジェンダー研究の展望」『歴史評論』
　672, 41-53頁
兼子歩 (2019)「インターセクショナリティの時代?——『女性のワシントン大行進』にみるジェ
　ンダーと人種」『アメリカ史研究』42, 130-143頁
貴堂嘉之(2019)『南北戦争の時代——19世紀』岩波書店
国立歴史民俗博物館(2021)『新書版　性差の日本史』集英社インターナショナル
コリンズ, P・H＆ビルゲ, S ／小原理乃［訳］（2021）『インターセクショナリティ』人文書院
スコット, ジョーン・W ／荻野美穂［訳］（1992）『ジェンダーと歴史学』平凡社

デュボイス, E·C&ルイス, V·L[編]／和泉邦子·勝方恵子·佐々木孝弘·松本悠子[訳] (1997)
『差異に生きる姉妹たち——アメリカ女性史における人種·階級·ジェンダー』世織書房

デュボイス, E·C&デュメニル, L／石井紀子·小川真知子·北美幸·倉林直子·栗原涼子·
小檜山ルイ·篠田靖子·芝原妙子·髙橋裕子·寺田由美·安武留美[訳] (2009)『女
性の目からみたアメリカ史』明石書店

中野耕太郎(2019)『20世紀アメリカの夢——世紀転換期から1970年代』岩波書店

古矢旬(2020)『グローバル時代のアメリカ——冷戦時代から21世紀』岩波書店

ラカー, T(1998)／高井宏子·細谷等[訳]『セックスの発明——性差の観念史と解剖学のア
ポリア』工作舎

ローズ, S·O／長谷川貴彦·兼子歩[訳] (2016)『ジェンダー史とは何か』法政大学出版局

和田光弘(2019)『植民地から建国へ——19世紀初頭まで』岩波書店

Blain, K. N. (2018). *Set the World on Fire: Black Nationalist Women and the Global Struggle for Freedom*. Philadelphia: University of Pennsylvania Press

Chauncey, G. (1994). *Gay New York: Gender, Urban Culture, and the Making of Gay Male World, 1890-1940*. New York: Basic Books

Crenshaw, K. (1989). "Demarginalizing the Intersection of Race and Sex: A Black Feminist Critique of Antidiscrimination Doctrine, Feminist Theory and Antiracist Politics." *University of Chicago Legal Forum*,1989(1), article 8: 139-67.

Crenshaw, K. (1991). "Mapping the Margins: Intersectionality, Identity Politics, and Violence against Women of Color." *Stanford Law Review*, 43(6): 1241-99

Costigliola, F. (1997). "'Unceasing Pressure for Penetration': Gender, Pathology and Emotion in George Kennan's Formation of the Cold War." *Journal of American History*, 83 (4): 1309-1339.

Cox, K. L. (2003). *Dixie`s Daughters: The United Daughters of the Confederacy and the Preservation of Confederate Culture*. Gainesville: University Press of Florida

Dean, R. D. (2001). *Imperial Brotherhood: Gender and the Making of Cold War Foreign Policy*. Amherst: University of Massachusetts Press

D'Emilio, J. (1983). *Sexual Politics, Sexual Communities: the Making of a Homosexual Minority in the United States*, 1940-1970, Chicago: University of Chicago Press

Derby, S. (2020). *Sisters in Hate: American Women in the Front Lines of White Nationalism*. New York: Little, Brown and Company

Gordon, L. (1994). *Pitied but Not Entitled: Single Mothers and the History of Welfare, 1890-1935*. New York: Free Press

Green, C. (2005). *Our Separate Ways: Women and the Black Freedom Movement in Durham, North Carolina*. Chapel Hill: University of North Carolina Press

Hoganson, K. L. (1998). *Fighting for American Manhood: How Gender Politics Provoked the Spanish-American and Philippine-American Wars*. New Haven: Yale University Press

Janney, C. E. (2008). *Burying the Dead But Not the Past: Ladies' Memorial Associations and the Lost Cause*. Chapel Hill: University of North Carolina Press

Jones-Rogers, S. E. (2019). *They Were Her Property: White Women as Slave Owners in the American South*. New Haven: Yale University Press

Katz, J. N. (1983). *Gay/Lesbian Almanac*. New York: Carroll & Graf Publishing

Kessler-Harris, A. (2001) *In Pursuit of Equity: Women, Men, and the Quest for Economic Citizenship in 20th Century America*. Oxford: Oxford University Press

Loftin, C.M. (2007), "Unacceptable Mannerisms: Gender Anxieties, Homosexual Activism, and Swish in the United States, 1945-1965." *Journal of Social History*, 40(3): 577-96.

McCurry, S. (1997). *Masters of Small Worlds: Yeoman Households, Gender Relations, and Political Culture of the Antebellum South Carolina Low Country*. Oxford: Oxford University Press

McCurry, S. (2012). *Confederate Reckoning: Power and Politics in the Civil War South. Cambridge*, MA: Harvard University Press

McGuire, D. L. (2011). *At the Dark End of the Street: Black Women, Rape, and Resistance: A New History of the Civil Rights Movement from Rosa Parks to the Rise of Black Power*. New York: Vintage Books

McRae, E. G. (2018). *Mothers of Massive Resistance: White Women and the Politics of White Supremacy*. Oxford: Oxford University Press

Meeker, M. (2001). "Behind the Mask of Respectability: Reconsidering the Mattachine Society and Male Homophile Practice." *Journal of the History of Sexuality*, 10(1): 78-116

Meyerowitz, J. (2002). *How Sex Changed: A History of Transsexuality in the United States*. Cambridge, MA: Harvard University Press

Mink, G. (1995). *The Wages of Motherhood: Inequality in the Welfare State, 1917-1942*. Ithaca: Cornell University Press

Murphy, K. P. (2010). *Political Manhood: Red Bloods, Mollycoddlers, and the Politics of Progressive Era Reform*. New York: Columbia University Press

Reis, E. (2009). *Bodies in Doubt: An American History of Intersex*. Baltimore: Johns Hopkins University Press

Scott, J. W. (1986). "Gender: A Useful Category of Historical Analysis." *American Historical Review*, 91(5): 1053-75.

Spencer, R. C. (2016). *The Revolution Has Come: Black Power, Gender, and the Black Panther Party in Oakland*. Durham: Duke University Press

Stryker, S. (2017). *Transgender History*, 2nd ed. New York: Seal Press

スポーツ・ジェンダー学における新展開

來田享子

1 　　はじめに——
「スポーツ・身体」をめぐる領域の特徴とジェンダー研究の可能性

　本稿では，身体に関わる領域であるスポーツを対象としたジェンダー研究（以下，スポーツ・ジェンダー学）について，世紀が変わる前後の研究動向の変遷を概観する。この概観を通して，現時点で課題とされていること，すなわち近い将来にどのような展開が期待されるかを検討したい。

　なぜ，スポーツをジェンダー視点で読み解くことが，ジェンダー研究にとって重要なのだろうか。この問いに答えるために，まず，スポーツという領域の特徴を描き出してみよう。

2 　　身体に関わる文化としてのスポーツと性別二元論

　スポーツは身体にかかわる文化である。中でも，私たちが競技会で目にするスポーツは，19世紀以降，欧米の白人男性社会を中心に制度化されていった歴史がある。このようなタイプのスポーツは，スポーツの発展史では「近代スポーツ」と称され，より幅広い身体的な遊びの世界を意味するスポーツ一般とは区別して考えられている。

　近代スポーツの最大の特徴は，同じルール，条件の下で勝敗を競う点にある。この営みの中では，勝敗を競うこととは，本来，営みのおもしろさを増すと同時に，個人がより成長するための動機づけをもたらす特徴だとされている。その観点では，勝敗は競技の瞬間だけの偶然的な結果に過ぎない。しかし，個人も社会も，そのようには受け止めよ

うとしない傾向がある。この傾向は，スポーツとジェンダーだけでなく，教育，ナショナリズム，商業主義等との関わりに強く影響してきた。オリンピックでアマチュアリズムが長く主張されてきた（ブランデージ，1972：3）のは，それを査証する現象であったとみることもできる。

　ところで，ほとんどの競技会では，同じ種目であっても性を区別して競技が実施されている。それはなぜだろうか。多くの人が「男女が一緒に競うと，女性が不利になるから」と答える。

　この答えは，スポーツを対象とする科学にも浸透してきた。近代スポーツを対象とするスポーツ科学では，人文社会科学系から自然科学系まで，幅広い研究手法が用いられている。スポーツ科学分野において多様な研究方法を用いる研究者が会員となっている最大規模の学会のひとつは日本体育・スポーツ・健康学会（以下、日本体育学会）[1]である。この学会の専門領域の構造からは，スポーツ科学分野が人文・社会科学系，自然科学に加え，スポーツの現場に則した実践科学系の領域で構成されていることがわかる。このうち，トレーニングやコーチングといった場面における応用と実践が前提となった分野では，医科学や健康科学分野と同様，生物学的性差を考慮に入れざるを得ないとされてきた。

　こうした傾向は，選手のトレーニング効果の測定やパフォーマンス向上をめざすタイプのスポーツ科学研究が，何を測定し，何を明らかにしようとしているかということにも示されている。どちらか一方の性に焦

脚注
(1)————日本体育・スポーツ・健康学会ホームページ参照（https：//taiiku-gakkai.or.jp/）。

点をあてて被験者を選択している研究が相当数存在し，少なくない数の研究が，筋量の増加や物理学的な視点での効率性を測定している。筋量が多く，骨格が大きいことは，近代スポーツの優劣に影響を与える要素だと考えられている，ということである。

　さらに，このような研究方法が妥当だと考えさせる統計データもある。たとえば文部科学省（旧文部省）による学校保健統計調査（総務省統計局，2021）をみてみよう。この統計は，1900年以降，学齢期の子どもの身長や体重などのデータをまとめたものである。データは，男女別にしか閲覧することができない。また，第二次性徴後の身長や体重は，平均的にみて男性の値が大きいことが示されている。多くの人にとって経験的に理解できるデータであろう。

　このように，身体にかかわる文化を読み解く分野では「性差がある」ことを自明とする傾向が強い。この傾向は，先に述べた勝敗に関する受け止めの傾向と相まって，人間の性にもとづく優劣の印象や不平等に結びつきやすい。

　こうした背景を踏まえ，スポーツ・ジェンダー学では，スポーツには性別二元論が浸透し，さらには性の二項対立図式が疑問なく受け入れられていることが指摘され，課題視されてきた。

3　　2000年以前の研究動向

　前項で触れた日本体育学会は，その前身も含め1950年に発足した。発足以来，はじめて「ジェンダー」という用語を題目とする報告が行われたのは，1994年であった（飯田, 1994）。この報告では，1945年以降

[**表4-1**]飯田による1945年以降の体育・スポーツに関する文献の傾向分析

期間	文献数	中心的内容
1945-1954	24	母性保護，女性の心理的特性，良妻賢母の文脈，女性らしい体育を強調する論調
1955-1964	30	女子学生の体格・体力の研究報告や女性の特性を活かした指導論が主流。従来のジェンダー規範が女子の能力発揮の妨げにならないようにすべきとの論調が一部みられる
1965-1974	59	女子体育中心の研究内容・方法・対象が多様化。婦人のスポーツ活動に関する研究が増加。フェミニズム的視点での研究がみられるようになる一方，性別の身体イメージに囚われた報告もある
1975-1984	76	五輪と女性スポーツ，近代女性体育史，ウェアの変遷等，男子体育を標準とする思考を解体しようとする研究動向が増加。教育現場に関する論考では「女は家庭も，仕事も」に変化し，性別役割分業観が根底に存在
1985-分析時点	51	研究対象，内容の多様化，ジェンダー視点での専門化がみられる

（飯田，1994）をもとに來田作成

の体育・スポーツに関する雑誌および図書目録[(2)]を対象に，10年ごとの動向が分析されている。飯田の分析の概要を[**表4-1**]に示した。

　この表からは，1974年以前の国内の体育学・スポーツ科学では概ね「女子体育」一辺倒の研究が行われたことがわかる。特に1960年代半ばまでは，性別二元論やジェンダー規範に疑問をもたず，それゆえにジェンダー・バイアスを再生産する可能性のある研究が主流であったことがうかがえる。

　一方，1980年代に入ると，明治期以降の女性体育史や女性の競技

脚注

(2)———　たとえば関連分野を取り扱う出版社（現在は七社）がスポーツ・保健体育書目録刊行会を設立し，毎年，発行している「スポーツ・健康科学書総目録」がある。

的なスポーツをジェンダー視点から再検討する研究がみられるようになる。また，国内におけるスポーツ・ジェンダー学の土台は，ジェンダー視点をもつ研究が多様化，専門化していった1985年頃から形成されたと考えることができる。

　海外の研究動向については，1949年以降の欧文論文約422000件（当時）が収録された研究論文データベース"Sport Discus"を対象に分析を行った検討がある（來田，1999）。この検討では，1999年3月時点までのデータベース収録論文から"women"がキーワードに含まれる研究8264件を抽出し，数的・質的な変化の分析が行われた。その結果，数的には1975年以降に該当する研究は増加するものの，その数は最大でも研究全体の2.5%程度であった。これらの研究において使用頻度が高いキーワードとしては，妊娠・月経，タイトルIX，男女共修／共習，性差別，ステレオタイプ化，役員などがあげられている。"women"をキーワードに含む研究は，1960年代からみられるようになるが，意思決定機関における女性比率，キャリア形成，教育の機会におけるジェンダー不平等など，スポーツ・ジェンダー学のテーマとなる研究は，1985年頃から増加している。それ以前には，妊娠や月経など，女性特有の身体状況に着目した研究が多くを占めていた［**図4-1**］。

　ここまでみてきた分析結果は以下の3点に集約することができるだろう。第1は，2000年以前には研究の数的増加よりは，研究の内容に広がりがみられるようになったことである。第2に，タイトルIXなど社会的な変化に即して研究内容にはトレンドが生じたことである。そして第3に，コーチングやトレーニング等の実践場面に関する研究では，80年代後半から組織や制度におけるジェンダー平等に焦点があてられるようになったことである。総括すれば，いわば「生む身体」への着

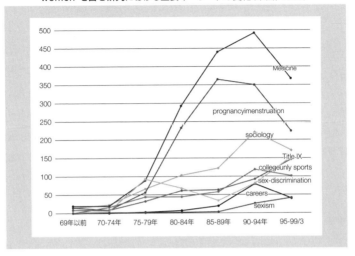

[図4-1]Sport Discusの分析
"women"を含む研究における主要キーワードの変化(來田, 1999)

目だけでなく，性別二元論からの解放という視点が萌芽したと考えられる。

4 スポーツ・ジェンダー学の誕生と成熟
——2000年以降の研究動向

　国内では2002年に「日本スポーツとジェンダー学会」の前身である「日本スポーツとジェンダー研究会」が設立された。研究会は日本学術会議の協力学術研究団体としての登録要件が整った2005年，学会

へと名称を変更した。この学会の会員が中心となって出版された2冊の図書は，最近約20年間のスポーツ・ジェンダー学の射程を示している。

1冊は，飯田・井谷が編者となった『スポーツ・ジェンダー学への招待』（2004）である。この図書は，初学者にも読みやすい内容で構成された学術図書である。もう1冊は，飯田・熊安・來田が編者となった『よくわかるスポーツとジェンダー』（2018）である。この図書は，1テーマに対する解説を見開き2ページにわかりやすくまとめたものであり，大学・大学院等におけるテキストとして利用することが想定されている。

2つの図書の目次の構造，項タイトルのキーワードを対比するために［**表4-2**］を作成した。この表からは，約20年間にスポーツ・ジェンダー学の研究の枠組みや射程がどのように変化したかをつかむことができる。キーワードは明らかに増えている。この増加は，2018年に発刊された『よくわかるスポーツとジェンダー』にテキスト的性格を持たせるために項が細分化されたことにもよるが，スポーツ・ジェンダー学そのものの射程が広がったことも反映されている。新たに性的マイノリティとスポーツに関する章が設けられたことはその例である。

また，『スポーツ・ジェンダー学への招待』で「文化」「身体」の2つの章に含まれていた内容は，『よくわかるスポーツとジェンダー』では「メディア」「ジェンダー化される身体」「スポーツ倫理」の3つの章に再整理されている。同様の変化は，「ムーブメント」の章が「スポーツをする権利（政策およびスポーツ組織）」「スポーツイベント」という2つの章に再整理されていることにもみられる。これら再整理による新たな章立て，各章におけるキーワードの増加は，国内外の研究成果の蓄積によって，研究課題が具体化していった状況をうかがわせる。

[**表4-2**]2004年図書と2018年図書の目次の対比に示されたスポーツ・ジェンダー学の射程のひろがり

『スポーツ・ジェンダー学への招待』(2004) の目次		『よくわかるスポーツとジェンダー』(2018) の目次	
章タイトル	項のキーワード	章タイトル	項のキーワード
概論	スポーツにおけるジェンダー構造, 女性スポーツムーブメント	基礎理論	ジェンダー・セクシュアリティ, ジェンダー概念, スポーツにおける平等/公正, エンパワーメント, 男らしさとセクシュアリティ
歴史	近代スポーツ, スポーツへの女性の参入, ナショナリズム, 高等女学校, 体操	歴史	近代スポーツ, 帝国主義, 戦争・スポーツ, 女子体育教員の登場, 女性トップアスリートの登場, 欧米社会における女性とスポーツ, スポーツ組織の発展(欧米), スポーツ組織の発展(日本)
文化	スポーツ・コマーシャリズム, メディア, 男らしさ, ジェンダー表象, スポーツウェア, 商品化, 競技年齢, ホモソーシャル	メディア	スポーツコマーシャリズム, スポーツマンガ, モダンガール, メディア・リテラシー, 新聞報道, スポーツウーマンイメージの変遷, 映像メディア分析, 少女雑誌, 語り手とジェンダー, 放送における性差別
身体	身体観, 記録, セクシュアル・ハラスメント, 摂食障害, ドーピング, 体罰, 相撲	ジェンダー化される身体	男女のルール差, 総合格闘技の女子用ルール, スポーツウェア, 性別確認検査, 商品化, フィットネスクラブ, ヨガの女性化, 体力観の形成, 理想の身体, ジェンダーを"プレイ"する, 女子プロレスとジェンダーの変容
		スポーツ倫理	暴力, 性暴力, セクシュアルハラスメント, 暴力・性暴力の防止指針, ドーピング, 組織のジェンダーバランス
教育	学校教育, 子どもの遊び, スポーツ嫌い・スポーツ離れ, 体力テスト, 運動音痴の男たち, 女子マネージャー, 男女共習/別習	教育	体育カリキュラムのポリティクス, 保健体育教員, 男女共修/共習, 体育的学校行事, LGBTへの配慮, 幼児期の運動能力, 子どもの運動能力, 体育授業におけるジェンダーの生成, 運動部活動・女子マネージャー, 子どもの遊び, スポーツ実践, ママさんスポーツ, 健康とジェンダー, 社会的格差と女性スポーツ
		スポーツをする権利(政策)	日本, 韓国, オーストラリア, イスラーム圏, ドイツ, イギリス, フランス, フィンランド, カナダ, アメリカ
ムーブメント	国際的なムーブメント, Title IX, オリンピック・ムーブメント, イスラーム女性, ゲイ・ゲームズ, シニア女性	スポーツをする権利(スポーツ組織)	国際オリンピック委員会, 世界女性スポーツ会議, 女性スポーツの課題に取り組む世界の組織, 日本(WSFジャパン), 日本(JWS)
		スポーツイベント	オリンピック, パラリンピック, ゲイゲームズ・アウトゲームズ, 開会式, ソチ冬季五輪の同性愛問題, 女子800m走からマラソンまでの道, 国際大会における平等をめざした取り組みと課題
		性的マイノリティ(LGBT)	性を変えたアスリート, 2つの性に分けられぬ身体, ホモフォビアとトランスフォビア, 性的マイノリティ選手の参加保障, <新>植民地主義, リオ・オリパラに見る性的マイノリティ
可能性(展望)	オルタナティブ・スポーツ, ウォーキング, 障害者スポーツ, シニアスポーツ, ワールド・ジムナストラーダ, 女子ボクシング, 車いすダンス, ウォーターボーイズ	多様性と体育・スポーツ	アダプテッドスポーツ, 体育教材の多様性, スポーツにおける男性領域・女性領域の崩壊, イスラームの女性スポーツ, ワールド・ジムナストラーダ, 柔道における(体育の)実践例
		研究の視点と方法	視点と枠組み, 歴史学的・社会学的アプローチに必要な視点, 心理学, 自然科学, 量的調査, 質的調査, 尺度

飯田・井谷(2004) および飯田・熊安・來田(2018) をもとに作成(來田)

[**表4-3**] ジェンダー平等をめざす国際的な宣言文・行動計画・モニタリング報告

1994	ブライトン宣言（第1回世界女性スポーツ会議）
1996	第1回IOC世界女性スポーツ会議決議文
1998	ウィンドホーク行動要請（第2回世界女性スポーツ会議）
2000	第2回IOC世界女性スポーツ会議決議文
2002	モントリオール・ツールキット（第3回世界女性スポーツ会議）
2004	第3回IOC世界女性スポーツ会議決議文
2006	熊本協働宣言（第4回世界女性スポーツ会議）
2008	第4回IOC世界女性スポーツ会議決議文，行動計画
2010	シドニー・スコアボード（第5回世界女性スポーツ会議）
2012	ロサンゼルス宣言（第5回IOC世界女性スポーツ会議）
2014	ブライトン＋ヘルシンキ2014宣言（第6回世界女性スポーツ会議）
2016	IWGボツワナビッグ5（第7回世界女性スポーツ会議）
2018	IOCジェンダー平等再検討報告書

　この図書とは別に，井谷・田原・來田が編集した『目で見る女性スポーツ白書』（2001），日本スポーツとジェンダー学会編『スポーツ・ジェンダー　データブック』（2010），同学会編『データでみるスポーツとジェンダー』（2016）は，スポーツ・ジェンダー学研究に欠かせない基礎的データを経年的に蓄積した成果として注目することができる。

　スポーツにおいては，1990年代半ば以降，スポーツ界におけるジェンダー平等の達成をめざす国際的な宣言文・決議文・行動綱領・行動計画・モニタリング報告等が継続的に共有されてきた［**表4-3**］。これらは，世界女性スポーツ会議（IWG）と国際オリンピック委員会（IOC）の2組織が牽引するムーブメントによるものである。こうした成果における特徴的な変化は，第1に，達成すべき課題の枠組みが次第に明確にされていったこと，第2に，ジェンダー統計にもとづき達成度を図り，

課題を可視化することが強調されてきたことである。スポーツ・ジェンダー学における基礎的データの蓄積と公開には，ムーブメントの成果物を活用し，発展させる上で重要な意義がある。さらに，基礎的データの蓄積という，一見，地味な作業は，スポーツをめぐる国内外の組織的動向と相互に影響しながら，スポーツ・ジェンダー学の深化や新たな課題の発見に寄与している。

5 スポーツにおける性別とは何か

　スポーツ・ジェンダー学の近い将来の展開を考えるために，今一度，スポーツ，とりわけ近代スポーツにおける性別とは何かについて，考えてみよう。來田（2012b）は，性を区別して実施するという近代スポーツの制度がスポーツそのものにどのような影響を与えてきたかについて検討している。

　上記の検討では，近代スポーツにおける性別は「指標」と「境界」という二つの概念に区別されている。「指標」としての性別は，ある特定の近代スポーツを「実施できる／実施してもよいということの判断基準」であると考えられている。このような判断基準によって参加を阻まれた女性たちは，常に，当該競技が女性にも実施が可能であると証明する必要に迫られてきた。これら女性たちの努力によって判断基準が移動した結果，女性の参加は拡大したといえる。「指標」の存在は女性たちがスポーツにアクセスするためのある種のハードルであった。一方で，「指標」が存在することにより，参加者数や競技種目数がジェンダー統計として可視化され，これが根拠となって女性の参加拡大にポジティ

ブな影響がもたらされたことも否定できない。

　上述の検討では，何らかの近代スポーツにおいて「公平な実施を保障するための区別」として性別が作用することも指摘されている。この場合の性別には「境界」という語が充てられている。「境界」としての性別の必要性は，近代スポーツの発展史では，1930年代後半から主張されるようになった。

　この時期，近代スポーツへの女性の参加が拡大していった。女性には実施が無理だとされてきた何らかの競技を女性たちが実践することは，「男の領域」であった近代スポーツの制度を揺るがせた。その動揺が社会の制度全体に浸透した性別役割にほころびをもたらす脅威であるかのように明確に意識されていたかどうかはわからない。だが，この時期に，同じ競技を実施できるという意味での両性の平等が成り立ちはじめ，「公平な競技のため」という名目によって男女を区別して競技は実施されるべきである，という認識が芽生えたことは確かである（來田，2012a）。

　こうした認識の延長線上に，1960年代以降の性別確認検査という制度の成立がある。女性の競技に男性が交じると不公平になるから，「真に」女性であるかどうかの確認が必要である，という主張がルール化されたのである。このような「境界」の存在は，スポーツで競うことの公平性を確保することに一定程度貢献したかもしれないが，スポーツにおける性別二元論をより強固にするという作用をもたらしたと考えることができる。

　ところが，近代スポーツの現実では，誕生時に人間に付与された性別，すなわち生物学的性差を決定する既存の医学的基準にもとづく性に区別して競技をする制度は，ありのままの自分が自分らしく競技を続

けるための障壁になる事象を存在させてきた。こうした事象は，著名なスポーツ選手が性別適合手術を受け，競技から引退する事例によって可視化されるようになった。最も初期の事例は1930年代にみられる。この背景には，近代スポーツへの女性の参加拡大と欧米における泌尿器科における医療行為（入江，2005: 180 – 181）や性科学（Meyerowitz, 1998: 162-167）（マイエロウィッツ，2005: 82 – 85）が交差したことがある。

　性別にかかわり選手が「自分らしさ」を守るためのルールが整備されるようになったのは，今世紀に入ってからのことである。1930年代に「境界」としての性別の必要性が主張されて以降，トランスジェンダー選手の存在が認められ，そうした選手たちの参加を承認するための条件がルール化（IOC Medical Commission, 2003）されるまでには，約70年が必要だった。その間，近代スポーツでは，選手が生誕時に割当てられた以外の性別で競技することが認められてこなかった。

　性別確認検査という制度は，世紀の変わり目に廃止されることとなった。廃止までの間，スポーツ界は検査方法をめぐって迷走した（來田，2010）。性別確認検査が基準としていた性染色体による判定は，競技にとって意味あるものではないばかりか，女性に対する人権侵害にあたることを認めるまでに，スポーツ界はおよそ35年を費やした。

　また，制度としての性別確認検査が廃止された後も，競技結果の公平性を担保する，というスポーツ界の独自の主張の問題性は，たとえばキャスター・セメンヤ選手による一連の訴訟を通して指摘され続けている。2019年4月30日にスポーツ仲裁裁判所は現在の女子競技の参加基準はDSDs[3]の選手にとって「差別的であるが（競技にとって）必要であり，合理的である」との判断を下した（CAS, 2019: 160）。しかし問題となっている基準やその運用には，人種差別との複合的な不平等

があるという指摘もなされている(UN HRC, 2020)(HRW, 2020)。

　また，トランスジェンダー・アスリートをめぐっては，ルールによって認められたはずの権利が侵害される事例も発生している。たとえば，トランスジェンダー男性選手であるオーストラリアのハナ・マウンシー選手がある。彼女は，オーストラリアンフットボールの女子プロリーグへの参加を拒否されたり（濱田, 2017），ハンドボール女子世界選手権代表選手に選出された（荻島, 2018）にもかかわらず，その後に不適切な扱いを受けたことが報じられている(Zeiqler, 2020)。オーストラリア・ハンドボール連盟は，この対応について2020年９月28日付の公式サイトに謝罪を掲載し（現在は謝罪ページは閲覧できなくなっている），今後は国際オリンピック委員会によるガイドラインやオーストラリア人権委員会によるガイドライン（Australian Human Rights Commission, 2019）にもとづきトランスジェンダーアスリートの参加の権利を保障するとしたものの，こうした事例は継続的に発生している[4]。

脚注

(3)——— DSDsはDifferences of Sex Development（体の性の多様な発達）の略表記。性分化疾患（Disorders of Sex Development）という医学的表記の略称にDSDが用いられる場合があるが，Disordersの語はあらかじめ「身体のあるべき性の発達」が想定され，その固定的観念にもとづいて使用されることになっている点で問題がある。欧米では一部でインター・セックス（Inter Sex）が用いられている場合もあるが，個々の身体状況は多様であり，これらの医学用語で総称されることを当事者は拒否している。また「男でも女でもない性」などの捉えは，誤解あるいは偏見であり，当事者にとっては差別的，侮辱的表現となることに留意する必要がある。

6　おわりに

　本章の「身体に関わる文化としてのスポーツと性別二元論」で述べたような，スポーツ科学の性別に関わる思考方法は，次のように読み替えることもできるのではないだろうか。近代スポーツとは，体格に恵まれた者が結果を残しやすい遊びなのであって，あらゆる男性が女性より有利だと断言することはできない。スポーツの技術的側面に関する過去の蓄積のいくぶんかは，体格の大きい，生来的に有利である

脚注

(4)———本稿執筆時以降の動向に若干触れておきたい。東京2020大会に公表された選手としては史上初めてトランスジェンダー女性アスリートが出場した。IOCやニュージーランドオリンピック委員会等は，オリンピックの理念にもとづき，彼女の出場を「歓迎する」としたが，競技の公平性の観点から否定的な受け止めや人権侵害的な反応もみられた。IOCは2021年11月に「性自認と身体の性の多様性に関する公平で排除や差別のないIOC枠組み」を公表し，差別や排除がないことと同時に，競技の公平性に配慮するルールの策定を国際競技団体に求めた。

　2022年6月には，米国の競泳界等でトランスジェンダー女性選手の優位性に関する議論が高まったことを受け，国際水泳連盟（FINA）が新たなルールを決定した。このルールはトランスジェンダー女性選手の女子カテゴリーでの参加を禁止し，別カテゴリーを設けるとするものであった。サッカー，陸上競技等，これに追随する動向が発生している一方で，世界スポーツ医学連盟（FIMS）関係者らからは，科学的根拠不明瞭かつオリンピックの理念に反するルールであるとの批判的見解が示されている。

　スポーツにおいては，トランスジェンダーやDSDs等の人々が不可視化されてきた故に，それらの人々の人権を保障するための科学的根拠に乏しい状況があり，これへの対応はスポーツ科学にとって喫緊の課題である。その際に，スポーツ・ジェンダー学は，スポーツ科学そのものに浸潤しているジェンダー・バイアスにも注意を払う必要があるだろう。

（かもしれない）選手に勝つために編み出されたものだ。そこには，近代スポーツを通して見える人間の挑戦があり，筋力や体格の面では不利に見える勝者の姿は，競技のドラマ性を彩ってきた。だとすれば，性別に近代スポーツを競うこと自体を問い直す余地は，あるのではないか。

　また，「スポーツにおける性別とは何か」でみたとおり，近代スポーツにおける性別，とりわけ「境界」としての性別に関していえば，競技の公平性のために設けられた基準が，現実の社会における平等や人権と矛盾する場合があることも明らかになっている。ある選手が「女子競技」で競技することの可否を判断するスポーツ界の基準に関しては，それが選手に「ふつうの」または「あるべき」女性身体を押しつけるものなのになっているのではないか，と問いかけることが求められている。一方で，米国ミシシッピ州におけるトランスジェンダー女性選手の参加を禁止する州法の可決のように，スポーツ界における権利保障が場合によっては社会によって逆行させられる事例が生じている（AFP, 2021）。

　これらの事例は，スポーツがまさに社会の中に存在することを改めて意識させる。それは，スポーツ・ジェンダー学がスポーツにのみ固有のジェンダー平等（そのような平等があるとすれば，だが）を問題とする分野ではないことを示唆しているといえよう。

　「性を区別しないで行うスポーツは可能なのではないか。」

　性差があることを自明としてきたスポーツにとって，おそらく20年前には立てられることのなかった問いが，スポーツ・ジェンダー学を起点に問われるようになっている。性にもとづく違いがあたりまえだと考えられてきたスポーツでは，何が合理的な違いなのだろうか。何が不平等や差別を産み出しているのだろうか。

この問いは，人間の意識に深く浸透しているジェンダーに対する認識を根底から揺さぶる可能性がある。さらにいえば，社会全体における「競う」ことの意味自体を変化させる可能性もある。コーン（1994: 131-159）は，近代スポーツが健康や教育やその他諸々の有用性を貼りつけながら，あらゆる面で競争的な社会のシステムに人々を順化させようとしてきたと指摘する。この指摘に従えば，性別に競う制度を前提とする近代スポーツをあらゆる角度からジェンダー視点で問い直すことは，社会システム全体の問い直しにも結びついていくだろう。スポーツを切り口にそのような思考を促す展開が，スポーツ・ジェンダー学に期待されているのではないだろうか。

引用・参考文献

AFP通信（2021）「ミシシッピ州，トランスジェンダーの女子競技参加を禁止」3月12日〈https://www.afpbb.com/articles/-/3336305（最終確認日：2021年9月16日）〉

飯田貴子（1994）「翻訳　女性とスポーツ——1945年以降のジェンダー論——」『日本体育学会第45回大会抄録集』，1994年8月25日〈https://doi.org/10.20693/jspeconf.45.0_160（最終確認日：2021年9月16日）〉

飯田貴子・井谷惠子［編］（2004）『スポーツ・ジェンダー学への招待』明石書店

飯田貴子・熊安貴美江・來田享子［編］（2018）『よくわかるスポーツとジェンダー』ミネルヴァ書房

入江惠子（2005）「インターセックスをとりまく医療の歴史——北米社会を中心に——」『人間文化研究科年報』20, 179-187頁

コーン，A／山本啓・真水康樹［訳］（1994）『競争社会をこえて——ノー・コンテストの時代』法政大学出版会

マイエロウィッツ，J／冨安昭彦［訳］（2005）「性別変更とポピュラー・プレス——1930-1955年のアメリカ合衆国におけるトランスセクシュアリティについての歴史学的ノート（前編）」『千葉大学社会文化科学研究』10, 79-93頁

総務省統計局（2021）「学校保健統計調査（2020年度調査を含めた2021年7月28日公開データ使用）」〈https://www.e-stat.go.jp/stat-search/files?page=1&layout=datalist&toukei=00400002&tstat=000001011648&cycle=0&tclass1=000001020135&tclass2val=0（最終確認日：2021年10月27日）〉

濱田理央（2017）「性別変えたオーストラリアの選手，女子リーグへの参加を拒まれた」『ハフポスト』10月19日〈https://www.huffingtonpost.jp/2017/10/18/afl_a_23248328/（最終確認日：2021年3月31日）〉

荻島弘一（2018）「性転換の元男子代表が女子で2度目世界選手権切符」『日刊スポーツ』12月9日〈https://www.nikkansports.com/sports/news/201812080000830.html（最終確認日：2021年3月31日）〉

ブランデージ，A（1972）「オリンピックとアマチュアリズム」日本記者クラブ記者会見記録，1月25日〈https://s3-us-west-2.amazonaws.com/jnpc-prd-public-oregon/files/opdf/116.pdf（最終確認日：2021年9月16日）〉

來田享子（1999「近年の女性スポーツ研究の動向（シンポジウム・女性スポーツの現在）」『女性学・ジェンダー研究フォーラム』報告資料　8月7日，於・東京，ヌエック国立婦人教育会館

來田享子（2010「スポーツと『性別』の境界——オリンピックにおける性カテゴリーの扱い」『スポーツ社会学研究』18(2)，23 - 38頁

來田享子（2012a）「1968年グルノーブル冬季五輪における性別確認検査導入の経緯——国際オリンピック委員会史料の検討を中心に——」楠戸一彦先生退職記念論集刊行会［編］『体育・スポーツ史の世界——大地と人と歴史との対話』渓水社，103 - 118頁

來田享子（2012b）「指標あるいは境界としての性別——なぜスポーツは性を分けて競技するのか」杉浦ミドリ・建石真公子・吉田あけみ・來田享子［編］『身体・性・生——個人の尊重とジェンダー』尚学社，41 - 71頁

Australian Human Rights Commission (2019). Guidelines for the inclusion of transgender and gender diverse people in sport, June 2019.〈https://www.sportaus.gov.au/__data/assets/pdf_file/0008/706184/Trans_and_Gender_Diverse_Guidelines_2019.pdf（最終確認日：2021年10月10日）〉

'CAS 2018/O/5794 Mokgadi Caster Semenya v. International Association of Athletics Federations & CAS 2018/O/5798 Athletics South Africa v. International Association of Athletics Federations' (2019). Court of Arbitration for Sport, CAS 2018/O/5794 & CAS 2018O/5798. *TAS / CAS*［Online].〈https://www.tas-cas.org/fileadmin/user_upload/CAS_Award_-_redacted_-_Semenya_ASA_IAAF.pdf（最終確認日：2021年9月16日）〉.

Human Rights Watch (2020). "They`re Chasing Us Away from Sport." *Human Rights Violations in Sex Testing of Elite Women Athletes*. 4th December.〈https://www.hrw.org/

report/2020/12/04/theyre-chasing-us-away-sport/human-rights-violations-sex-testing-elite-women（最終確認日：2021年9月16日）〉

IOC Medical Commission（2003）. *Statement of the Stockholm consensus on sex reassignment in sports.* 12th November.〈https://stillmedab.olympic.org/media/Document%20Library/OlympicOrg/IOC/Who-We-Are/Commissions/Medical-and-Scientific-Commission/EN-Statement-of-the-Stockholm-Consensus-on-Sex-Reassignment-in-Sports.pdf#_ga=2.228384030.2014411894.1618018692-194152840.1603710568（最終確認日：2021年9月16日）〉

Meyerowitz, J.（1998）. Sex Change and the Popular Press: Historical Notes on Transsexuality in the United States, 1930-1955. *GLQ* 4(2): 159-187.

United Nations Human Rights Council（2020）. *Intersection of race and gender discrimination in sport：Report of the United Nations High Commissioner for Human Rights*, A/HRC/44/26〈https://digitallibrary.un.org/record/3872495（最終確認日：2021年3月31日）〉

Zeiqler, C.（2020）. 'Hannah Mouncey says teammates pushed her away over locker room use,' *Outsports*, 28th August.〈https://www.outsports.com/2020/8/28/21402020/hannah-mouncey-trans-athlete-handball-aflw-locker-room-five-rings-podcast（最終確認日：2021年3月31日）〉

日本における
性的マイノリティ受容の陥穽

風間孝

1　　はじめに

　2010年代に入り，性的マイノリティをめぐる状況は大きく変化したようにみえる。理解不能な他者として排除されてきた性的マイノリティへの眼差しが転換し，性の多様性が称揚されるようになったことは，その象徴である。本稿では，2010年代になって掲げられるようになった保守政党による性の多様性の受容には，どのような陥穽があるのかを，アメリカのクィア理論家であるジャスビール・プア（J. Puar）による「性的マイノリティであることは，もはやアプリオリにナショナリズムの形成から排除されない」（Puar, 2007: 2）との指摘を踏まえながら，検討していきたい。

　以下，本稿では，まず性的マイノリティをめぐる1980〜90年代の状況と，2010年代の状況を比較し，その差異を浮かび上がらせる。そのうえで，2010年代において性の多様性が称揚される一方で，公職者により性的マイノリティへのバッシングが起こっている状況の共通点を，寛容の概念に焦点をあて明らかにする。最後に寛容という概念の限界を踏まえて，2010年代の性の多様性の受容における陥穽を指摘する。

2　　1980〜90年代の状況

●────エイズをめぐる状況

　1985年3月，厚生省（当時）は，一時帰国していた米国在住のゲイ男性を日本国内でのエイズ第一号患者として発表した。すでにこの時点で非加熱血液製剤によるHIV感染が判明していたにもかかわらず，

厚生省はその事実を隠蔽するために男性同性愛者を第一号患者として報告したのだった。その背後には，男性同性愛者はエイズに罹ってもおかしくないというホモフォビアがあった（新ヶ江，2013; 風間・河口，2010）。

　ゲイ男性はこれ以後，日本国家にとっての排除の対象となった。厚生省はゲイ男性からの献血拒否を決定するとともに（1985年10月），厚生省によって設置されたエイズサーベイランス委員会は，男性同性間の性的接触によるHIV感染を他の感染経路とは異なった扱いをする，感染経路の分類を開始したのである。その分類は，異性間性的接触／男性同性愛／麻薬の濫用／母子感染／血液製剤の五つからなっていた。男性同性愛のみが性的アイデンティティを指す用語であったことは，男性同性愛のアイデンティティをもつことが感染原因とみなされていたことを示す。この分類における表記は，男性と性行為した男性のHIV感染を「自業自得」とみなすことを助長した（風間，2000）。

　1980年代のHIV感染の拡がりのなか，ゲイ男性は排除の対象とされたが，その理由は，そのセクシュアリティが理解不能とされたことに加えて，男性同性愛者が日本にHIV感染を広げる国家にとっての脅威とされたためであった。この当時の日本において男性同性愛者は，人権尊重の対象とみなされなかっただけでなく，日本国家にHIVという災厄をもたらす排除すべき対象だったのである。

●————府中青年の家裁判

　1980年代のエイズをつうじて顕在化した男性同性愛者の排除は，男性同性愛者が政治的な行動を始める契機となった。エイズ禍のなかで，政治的な働きかけを開始したグループのひとつに，東京のグ

ループ「動くゲイとレズビアンの会」（通称：アカー）がある。

アカーは，1990年2月，都立府中青年の家で宿泊合宿を行ったが，そのさい同性愛者の団体であることを自己紹介したことにより，他の利用団体から嫌がらせを受けることになった。同年4月には，東京都教育委員会は再度青年の家利用を申し込んだアカーに対して，青少年の健全育成に反する等を理由として，同性愛者団体の青年の家利用を拒絶する決定を下した（風間・河口，2010）。

都の決定を不服としたアカーは，1991年2月，東京地裁に損害賠償を求める訴えを起こした。日本初の同性愛者の人権を争点とする訴訟である。この裁判において，東京都は「複数の同性愛者を同室に宿泊させることについては未だ国民のコンセンサスが得られていない」と主張した。都は，国民のコンセンサスの得られない，理解不可能なセクシュアリティをもつ存在として，公共空間から同性愛者を排除したのである。この訴訟は，第一審判決（1994年3月；東京地裁），第二審判決（1997年9月；東京高裁）ともに，アカーが勝訴して終結している（風間・河口，2010）。

アカーが青年の家でカミングアウトしたこと及び都を相手に訴訟を起こしたことに対しては支援の動きもあった一方で，男性同性愛者からの根強い批判も存在した。例えば，映画評論家のおすぎはアカーに対して「何故，同性愛者が群れなければいけないのですか。アメリカやヨーロッパのホモセクシュアルやゲイピープルたちがアソシエーションを組むのは長い歴史の中で宗教的に抑えつけられていたものをはねかえすポリティカルな運動だからであって，必ずしも親睦を目的で組織されているわけではない」（『薔薇族』1990年8月号）と述べ，宗教によって抑えつけられてきた歴史をもたない，同性愛に寛容な日本では，

男性同性愛者が親睦を目的に「群れる」必然性はないと，アカーを批判したのである。この批判は，同性愛者差別を司法の場で提起する取り組みを，寛容な日本の伝統と相容れない行動とみなすことによって生じたと言えよう(風間, 2019)。

　ここまで1980〜90年代において，男性同性愛者がエイズ危機の中で，そして東京都教育委員会によって，理解不可能なセクシュアリティをもつ存在として排除されたことをみてきた。またエイズにおいてはゲイのセクシュアリティは日本国家に災厄をもたらすとされ，府中青年の家裁判においては同性愛者差別を訴えるゲイ男性のアクティビズムは同性愛に寛容な日本の文化や伝統と相容れないとみなされた。同性愛者の存在，そしてゲイのアクティビズムは，日本国家や文化にとっての脅威とされ，排除されたのである。

3　　　2010年代の状況

　2010年代後半に入ると，経済領域[(1)]に加えて政治領域において性

脚注

(1)———— 2010年代には経済領域においても変化がみられ，経済誌においてLGBTマーケットが注目されるようになった。2012年には，『週刊東洋経済』(2012年7月14日号)は「知られざる巨大市場　日本のLGBT」という特集を，『週刊ダイヤモンド』(2012年7月14日号)は「国内市場5.7兆円『LGBT市場』を攻略せよ!」の特集を組み，少子高齢化が進む日本での「知られざる巨大市場」としてLGBTに注目した。

的マイノリティに対する眼差しが変化し始める。本節では，その一例として，保守政党である自民党の態度変容をとりあげる。

　2010年代前半まで自民党は，性的マイノリティ，とりわけ同性愛者に関しては否定的な姿勢を示していた。2012年と2014年に性的マイノリティ団体であるレインボープライド愛媛が国政選挙時に性的マイノリティ施策を尋ねた公開質問状に，自民党は「人権問題として取り組まなくてよい」，「性同一性障害への施策は必要だが，同性愛者へは必要ない」と回答している[2]。この回答は，同性愛者への施策の必要性を否定するとともに，性同一性障害に関しては「障害」者として位置づけた上で，施策の必要性を認めたものであった[3]。

　しかし，2010年代後半に入ると，自民党の態度は大きく変化する。自民党の議員も加わって超党派の議員からなる「LGBTに関する課題を考える議員連盟」が発足したのである（2015年3月）。2020年に東京でオリンピック・パラリンピック大会の開催が決定し，五輪憲章において性的指向にもとづく差別禁止が掲げられたことが，その理由である。東京オリンピック・パラリンピック大会の開催決定により，与党自民党も性的マイノリティ施策に取り組む必要性に迫られたのである[4]。

脚注

(2)─────── 2012年及び2014年の衆議院選挙における各政党の回答は以下を参照のこと。（https://ameblo.jp/project-lgbt/entry-12519973778.html, https://ameblo.jp/project-lgbt/entry-12519973821.html）（最終確認：2021年10月10日）

(3)─────── この点について，自民党の国会議員である杉田水脈は「T（トランスジェンダー）は『性同一性障害』という障害なので，これは分けて考えるべきです。」と述べている（杉田，2018, 59）。詳しくは第4節参照。

(4)─────── 「LGBT, 自民足踏み」（朝日新聞2016年11月20日朝刊）

2016年5月には，自民党は「性的指向・性自認の多様なあり方を受容する社会を目指すための我が党の基本的な考え方」という冊子を発行し，党としての姿勢を明示した。そこには「性的指向・性自認について悩みを抱える当事者の方が自分らしい生き方を貫ける社会を実現するため，必要な措置を検討する。……性的指向・性自認の多様なあり方を受容する社会や，当事者の方が抱える困難の解消をまず目指すべきである」と述べられている（自民党 2016a）。公開質問状に回答した当時において施策の必要性を否定していたにもかかわらず，この冊子において同性愛者を含め，性的指向・性自認について悩みを抱える当事者に向けて必要な措置を検討すると述べたことは，自民党内において性的マイノリティが排除から包摂の対象へと変容したことを示している。

4　　　　性的マイノリティへの包摂と排除における共通項

　1990年代において排除の対象となってきた性的マイノリティが，2010年代に入り自民党のような保守政党においても包摂の対象になっていったことをみてきたが，自民党の中には，依然として性的マイノリティを排除しようとする動きもみられる。本節では，性的マイノリティを包摂する動きと，依然として排除の対象とする動きには，どのような共通点がみられるかを明らかにしたい。
　2018年に自民党の国会議員である杉田水脈は，雑誌『新潮45』（2018年8月号）に「『LGBT』支援の度が過ぎる」と題するエッセイを掲載した。その中で杉田は「T（トランスジェンダー）は『性同一性障害』という

障害なので，これは分けて考えるべきです。……性転換手術にも保険が利くようにしたり，いかに医療行為として充実させていくのか，それは政治家としても考えていいのかもしれません。一方LGBは，性的嗜好の話です」と述べる（杉田, 2018, 59）。トランスジェンダーを性同一性「障害」として施策の対象にする一方，LGB（レズビアン／ゲイ／バイセクシュアル）は性的趣味・嗜好として位置づけ施策の対象から排除すべきとする，この考え方は，2014年以前の公開質問状への自民党の回答と重なる一方で，2016年に発行された「基本的な考え方」に反している。

　このように性的マイノリティ施策をめぐって，自民党の「基本的な考え方」と杉田のエッセイの間には緊張関係がみられるが，両者には共通点もある。杉田は性的マイノリティに対する寛容性について次のように述べる。

　　そもそも日本には，同性愛の人たちに対して，「非国民だ！」という風潮はありません。一方で，キリスト教社会やイスラム教社会では，同性愛が禁止されてきたので，白い目で見られてきました。時には迫害され，命に関わるようなこともありました。それに比べて，日本の社会では歴史を紐解いても，そのような迫害の歴史はありませんでした。むしろ，寛容な社会だったことが窺えます。……欧米と日本とでは，そもそも社会構造が違うのです（杉田, 2018: 58）。

　同性愛禁止の歴史をもつキリスト教・イスラム教社会と異なり，日本はLGBTに寛容な社会であると述べたうえで，杉田はLGBTの生きづ

らさの原因を社会制度ではなく,「LGBTの両親が,彼ら彼女らの性的指向を受け入れ」ないという意識に求め,「行政が動い」て「税金を使う」必要性を否定するのである。「LGBTのカップルのために税金を使うことに賛同が得られるものでしょうか。彼ら彼女らは子供を作らない,つまり『生産性』がないのです。そこに税金を投入することが果たしていいのかどうか」という,物議を醸した文章が登場するのは,こうした文脈においてである (杉田, 2018: 58-59)。日本の寛容さが,性的マイノリティへの施策を否定する根拠とされている。

　興味深いことに,日本の寛容性の強調は,杉田と異なる立場をとる自民党の「基本的な考え方」にも登場する。

　　わが国においては,中世より,性的指向・性自認の多様なあり方について必ずしも厳格ではなく,むしろ寛容であったと言われている。明治維新以降,西洋化の流れの中で同性愛がタブー視され,違法とされた時期もあったが,歌舞伎の女形など性別に固定されないあり方を楽しむ文化が伝統芸能の中に脈々と息づいていることや,「とりかへばや物語」など中世文学作品が残されていることは,古来,わが国で性的指向・性自認の多様なあり方が受容されてきたことを示す一例として挙げられる(自民党, 2016a)。

　こうした認識を踏まえて,「基本的な考え方」は,古来からのあり方に反して,「現在,性的指向・性自認の多様なあり方について,社会の理解が進んでいるとは必ずしも言えず,性同一性障害特例法等の制度的な対応が行われたものの,未だにいじめや差別などの対象とされやすい現実もあり,学校や職場,社会生活等において,当事者の

方が直面する様々な困難に向き合い，課題の解決に向けて積極的に取り組むことが求められている」と述べる（自民党, 2016a）。「基本的な考え方」は，日本が歴史的に多様な性のあり方に寛容であることを示した上で，性的マイノリティ当事者の困難に取り組むことは，日本の伝統の延長線上にあることを示唆するのである。これは自民党内や支持者内に存在する，性的指向や性自認への取り組みを否定する勢力に対して，その取り組みの正当性を示していると考えられる。

　杉田と「基本的な考え方」は，性的マイノリティへの施策の必要性において対立するが，日本を性的マイノリティに寛容な国家として提示している点において，共通項をもつ。寛容さの強調は，日本を西欧やイスラム社会と対比することをつうじて，日本の寛容さの例外性を際立たせることによって成り立っている。プアーが「例外主義は逆説的に異なっているものからの区別を示すだけでなく，優秀さや優越も示す」（Puar, 2007: 3）と述べるように，例外性の強調は，他国に対する日本国家の優越性を示すことである。日本における性的マイノリティに対する寛容な伝統の強調は，「性の多様性」を日本の伝統の中に取り込み，その優位性を示すものだといえよう。

5　　　寛容の限界

◉———寛容という概念

　おすぎや杉田水脈，そして自民党の「基本的な考え方」において，日本の性的マイノリティの歴史や現在を説明する際に用いられてきた寛容とは，そもそもどのような思考，そして態度だろうか。

まずOxford English Dictionary（OED: Second Edition, 1989）と『広辞苑』（第七版, 2018）における寛容の定義を確認しよう。OEDのtolerance（寛容）の項目には，①困難に耐え行動すること，痛みや困難に耐える能力を示すこと，②許す行為，権威によって許された許諾や許可，③他者の意見や行動に耐え，大目に見る性質，と説明されている。『広辞苑』では，①寛大で，よく人をゆるし受け入れること，咎めだてしないこと，②他人の罪過をきびしく責めないというキリスト教の重要な徳，③異端的な少数意見発表の自由を認め，そうした人の意見を差別待遇しないこと，とある。以上を踏まえると，寛容とは，嫌われていたり，自分にとって認められない異端的な少数意見や行動であっても，それを許容し耐える能力を指すことがわかる。

　異端的な少数意見や行動を受け入れるのが寛容だとしても，寛容な態度をとる人があらゆる意見や行動を受け入れるわけではない。寛容には受容／非受容の境界線が存在するのである。ここから寛容とは，境界線の内側の意見や行動であれば受け入れるが，境界線を超え出た場合には，受容せず，非難や攻撃に転じる実践であることがわかる。そして，受容／非受容の境界線を引くのは，寛容な態度を取る側であることからわかるのは，寛容には，寛容を与える側と与えられる側という非対称性が内在しているということである[5]。

脚注

(5)——— ゲイ・スタディーズのパイオニアの一人，オーストラリアの政治学者であるデニス・アルトマンは，寛容を同性愛者への抑圧の一形態であると述べ，差異に価値を与えることなく差異を「認める」ことが寛容であると述べている（アルトマン, 2010）。

●————杉田における寛容の限界

　寛容には受容／非受容の境界線があることをみてきたが，日本が性の多様性に寛容であると主張する，杉田と自民党の「基本的考え方」における寛容の限界はどこにあるだろうか。

　杉田は「子育て支援や子供ができないカップルへの不妊治療に税金を使うというのであれば，少子化対策のためにお金を使うという大義名分があります。しかし，LGBTのカップルのために税金を使うことに賛同が得られるものでしょうか。彼ら彼女らは子供を作らない，つまり『生産性』がないのです。そこに税金を投入することが果たしていいのかどうか」と述べる（杉田, 2018: 58-59）。ここから杉田は，税金の投入を求めるか否かに境界線を引いているといえよう。すなわち，杉田は税金投入の要求を，境界線を越え出た行為とみなし，投入を求める「LGBTカップル」に対して「『生産性』がない」と非難したのである。税金投入の要求を政治的主張とみなすなら，性的マイノリティが政治的主張を行うことが，杉田にとっての寛容の限界なのである。

　また，「日本の社会では歴史を紐解いても，そのような迫害の歴史はありませんでした。むしろ，寛容な社会だったことが窺えます」（杉田, 2018: 58）とも述べていることから，杉田は同性愛者に寛容な日本の伝統を受け入れるか否かにも境界線を引いていることがわかる。

●————自民党の「基本的な考え方」における寛容の限界

　つぎに自民党の「基本的な考え方」における寛容の限界を考察する。

差別禁止を主張しないこと

　自民党は「基本的な考え方」において，「必要な理解が進んでいな

い現状の中，差別禁止のみが先行すれば，かえって意図せぬ加害者が生じてしまったり，結果として当事者の方がより孤立する結果などを生む恐れ」があるため，「現行の法制度を尊重しつつ，網羅的に理解増進を目的とした諸施策を講ずることが必要である」と述べる（自民党，2016a）。自民党が性的指向・性自認の多様性を受容するための諸施策を講ずる焦点を，差別禁止ではなく「理解増進」に向けていることがわかる。つまり，差別禁止を主張しないことが寛容の限界として示されているのである。差別禁止を主張しないという条件は，差別の告発を行わず，性的指向・性自認の間の平等を保留することを意味する。平等の保留は，性的指向・性自認間の非対称性を受け入れ，その間の対等ではない関係を延命させることだといえよう。

ジェンダー・フリー論を否定すること

　「基本的な考え方」には，「性的指向・性自認の多様性を認め受容することは，性差そのものを否定するいわゆる『ジェンダー・フリー』論とは全く異なる」との記載がある（自民党，2016a）。この文章からは，「性的指向・性自認の多様なあり方をお互いに受け止め合う社会を目指す」にあたっては，ジェンダー・フリー論を否定するという条件が付されていることがわかる。

　自民党は，ジェンダー・フリーを説明するにあたって『男女共同参画基本計画（第二次）』の文章を引用している。

　　「ジェンダー・フリー」という用語を使用して，性差を否定したり，男らしさ，女らしさや男女の区別をなくして人間の中性化を目指すこと，また，家族や雛祭り等の伝統文化を否定することは，国

民が求める男女共同参画社会とは異なる。（『男女共同参画基本計画（第二次）』／内閣府）（自民党, 2016b: 2）

　自民党は，ジェンダー・フリーを批判する別の文書において，ジェンダー・フリーは「性差の否定」であり，「女らしさ，男らしさは失わぬよう区別をはっきりさせる」必要性を述べている。そこには，女らしさ，男らしさの区別をもとに，「郷土愛が育ち，愛国心が育ち自国を誇りに思う」ようになることが主張されている（自民党, 2005: 4）。
　女らしさ，男らしさの区別を肯定する立場から「ジェンダー・フリー」論を否定しつつ，「性的指向・性自認の多様性を認め受容する」と主張することは，この二つの立場は矛盾しないと「基本的な考え方」が認識していることを示す。しかし，クィア理論家のジュディス・バトラーが「欲望の異性愛化は，『オス』や『メス』の表出と考えられている『男らしさ』や『女らしさ』という，明確に区別された非対称的な対立を生産するよう要請」する，と述べるように，「女／男らしさ」は異性愛を前提としている。ここで述べられているのは，異性愛という欲望を前提に，「男らしさ」や「女らしさ」というジェンダー役割が生み出されるということだ。そして，この前提のもとでは，「欲望の実践がセックスやジェンダーの『当然の帰結』でないようなアイデンティティは存在できない」（Butler, [1990] 1999: 47）。バトラーが述べているのは，異性愛以外の性的欲望は，「男らしさ」や「女らしさ」が前提とされる中では，存在できないということなのである。ここからわかるのは，「男らしさ」「女らしさ」を要請するジェンダー・フリー批判は，明確に区別された性差だけでなく，異性愛をも要請するということだ。ジェンダー・フリー批判と「性的指向・性自認の多様な」あり方の受容は，両立不可能なのである。

また「ジェンダー・フリー」論批判は，愛国心涵養の文脈にも位置付けられていた。ここから，性的指向・性自認の多様性は，「女らしさ，男らしさ」を基にして育まれた，「古来」からの性的マイノリティに寛容な「日本の文化，伝統」を受け入れるという条件付けのもとで，受容されていることがわかる。

6　おわりに

　1980〜90年代において性的マイノリティのセクシュアリティは理解不能とされ，国家および日本の伝統にとっての脅威とみなされた。しかし，2010年代後半に入り，自民党においても性的指向・性自認の多様性は寛容の対象となっていった。しかし，その寛容は限界をもっていた。自民党の「基本的な考え方」には差別を告発しない，ジェンダー・フリーを否定する，そして日本の性的マイノリティに寛容な伝統を肯定することを前提にしているからである。言い換えれば，性的指向・性自認の多様性の受容は，性的マイノリティに寛容な「日本の伝統」を受け入れるとともに，政治的な権利を主張せず，旧来の性規範にもとづくヒエラルキーを保持し，日本の例外性，すなわち優越性を受け入れるという条件が付されていたのである。とりわけ，平等を求めないという条件付けは，性的マイノリティを，「二流国民」としてヒエラルキーに組み込むことであったといえよう。

引用・参考文献

アルトマン, D／岡島克樹・河口和也・風間孝［訳］(2010)『ゲイ・アイデンティティ──抑圧と解放』岩波書店 (Altman, D. ([1971] 1993). *Homosexual: Oppression and Liberation*, New ed. New York: New York University Press)

風間孝(2000)「エイズにおけるリスクの構築」『現代思想』28(1), 210-221頁

風間孝・河口和也(2010)『同性愛と異性愛』岩波書店

風間孝(2019)「クローゼットと寛容」菊地夏野・堀江有里・飯野由里［編著］『クィア・スタディーズをひらく一』晃洋書房

自民党(2005)「男女共同参画基本計画改定『中間整理』のポイント」自民党過激な性教育・ジェンダーフリー教育実態調査プロジェクトチーム会合提出資料, 7月7日〈https://www.gender.go.jp/kaigi/senmon/keikaku/siryo/pdf/12-1-2.pdf（最終確認日：2021年9月16日)〉

自民党 (2016a)「性的指向・性自認の多様なあり方を受容する社会を目指すためのわが党の基本的な考え方」5月24日〈https://jimin.jp-east-2.storage.api.nifcloud.com/pdf/news/policy/132172_1.pdf(最終確認日：2021年9月16日)〉

自民党(性的指向・性自認に関する特命委員会) (2016b)「議論のとりまとめ」5月24日〈https://jimin.jp-east-2.storage.api.nifcloud.com/pdf/news/policy/132172_2.pdf（最終確認日：2021年9月16日)〉

新ヶ江章友(2013)『日本の「ゲイ」とエイズ：コミュニティ・国家・アイデンティティ』青弓社

杉田水脈(2018)「『LGBT』支援の度が過ぎる」『新潮45』2018年8月号, 57-60頁

バトラー, J／武村和子［訳］(1999)『ジェンダー・トラブル─フェミニズムとアイデンティティの攪乱』青土社 (Butler, J. ([1990] 2007). *Gender Trouble: Feminism and the Subversion of Identity*, Pbk. 2nd ed. London: Routledge)

Puar, J. (2007). *Terrorist Assemblages*, Durham: Duke University Press.

セクシュアル・ハラスメント研究の
これまでとこれから

高峰修

「名前がないからといって存在していないと考えてはならない。沈黙が，現状が変わることなど想像もできなくなるほどに徹底した苦痛と屈辱を受けたということを，物語っている場合も多いのである。」（マッキノン，1999）

1　"セクシュアル・ハラスメント"の誕生

　日常的な対人コミュニケーションにおける露骨な猥談，無遠慮な身体接触，理不尽な性的言い寄りといった，極めて不快ではあるものの直ちに違法とは言い難い言動は，セクシュアル・ハラスメントということばが誕生する前から社会に氾濫していた。しかし，それまではタブーであった男女間におけるセクシュアリティをも問い直した第二波フェミニズムの流れの中で，セクシュアル・ハラスメントということばは1970年代にアメリカ合衆国において使われ始めたと言われている。1979年に法学者のキャサリン・マッキノン（MacKinnon, C.A.）がセクシュアル・ハラスメントの法的な枠組みを示す "Sexual Harassment of Working Women" を刊行した。マッキノンはそこで，セクシュアル・ハラスメントが性差別であることを説き，さらに「それが雇用上の基本的な決定と職場環境に影響を与えるとき」（マッキノン，1999: 316）に雇用差別になると説明している。翌1980年には合衆国の雇用機会均等委員会(Equal Employment opportunity Commission: EEOC) が "sexual harassment" を公民権法第七編で禁じられた行為と位置づけるガイドラインを公表したが，そこでは現在でも使われている「対価型（地位利用型）」と「環境型」という区分がすでに示されていた。こうした流れの中でアメリカ合衆

国内では，公民権法を根拠としてセクシュアル・ハラスメントを告発する訴訟が起こり始め，社会において議論されるようになった。

2　"セクシュアル・ハラスメント"の日本への伝播と普及

　このようなセクシュアル・ハラスメントということばは約10年遅れて日本でも使われるようになった。1989年の新語・流行語大賞にノミネートされ，新語の金賞をとったことは象徴的である。さらにこのことばは日本でも，裁判の判例を通じて社会に浸透したと言えるだろう。金子（2021）は，日本においては裁判所がセクシュアル・ハラスメントにまつわる様々な判断をリードしてきたと指摘している。

3　労働環境

　国内で初めてセクシュアル・ハラスメントとしての違法性が問われた「福岡セクシュアル・ハラスメント裁判」では，福岡の出版社に勤める女性編集者が上司である男性編集長からかけられた性的なことばを廉に1989年に上司と会社を訴え，1992年に全面勝訴ともいうべき判決を勝ち取った。注目すべきは，この裁判で問われたのが性的な"ことば"であり「環境型」タイプのセクシュアル・ハラスメントであったこと，そして判決では加害者に加えて，その雇用主である会社の責任も問われたことである。こうして日本でセクシュアル・ハラスメントはまず職場の問題として取り上げられ，労働者に加えて雇用主もその対策を迫ら

れることになったのである。こうした判決は，やや時間をあけて法律にも反映されることになる。

　福岡で裁判が起こる4年前の1985年に，日本は国連の女性差別撤廃条約を批准したが，その際に国内法において労働条件全般にわたって性差別を禁止する規定がないことが問題になった。その対応として同年に男女雇用機会均等法（以下，均等法）が制定され，1986年から施行されたが，そこにはセクシュアル・ハラスメントに該当する記述はなかった。その後，1996年にはアメリカ三菱自動車がEEOCからセクシュアル・ハラスメントで訴えられ，350人の原告に対する総額3,400万ドルの賠償金支払いを条件に和解した。原告人数の多さと高額の賠償金が日本社会のセクシュアル・ハラスメント意識にもたらした影響は大きかったであろう。均等法は1997年に全面的に改正され1999年から施行されたが，この改正時にセクシュアル・ハラスメントは雇用上の配慮義務（努力義務）として法律の中に位置づけられた。そこでは上述の「対価型」と「環境型」という区分が採用されているが，しかしセクシュアル・ハラスメント自体の法的定義がされているわけではなかった（角田，2021: 11）。また雇用上の努力義務に留まり，違反に対する制裁も明示されないという課題も残された。均等法は基本的に民間の事業主を視野に入れた法律であり，労働者であっても国家公務員は適用外となる。この隙間を埋め合わせるために，1998年には人事院が人事院規則10-10を発令し，国家公務員を対象とするセクシュアル・ハラスメント対策の制度が整った。

　その後均等法は2006年，2019年と改正を重ねることになる。2006年改正時にセクシュアル・ハラスメントは事業主の雇用管理を行う際の「措置義務」に格上げされ，また被害者/加害者の性別を問わなくなっ

た。さらに2019年の改正時には以下の点に関する規定が加えられた。

・セクシュアル・ハラスメント等に起因する問題に関する国，事業主，労働者の責務（第十一条の二）

・労働者が事業主に相談したこと等を理由とする不利益取扱いの禁止（第十一条二項）

・自社の労働者等が他社の労働者にセクシュアル・ハラスメントを行った場合の協力対応の努力義務（第十一条三項）

　こうして均等法は改正を繰り返し，禁止事項や責務・努力義務等を拡充させてはきたが，現行の均等法においても，セクシュアル・ハラスメントについて明確に定義し，そうした言動を人々に禁じる条項を定めるには至っていない。このことについて浅倉（2021: 103）は次のように説明している。均等法においては事業主に対して「性別を理由とする差別」を第二章第一節，「募集採用時の差別」を第五条，「採用された後の差別」を第六条，「婚姻・妊娠・出産等を理由とする不利益取扱い」を第九条で禁止しているが，セクシュアル・ハラスメントに関しては第二章二節においてその措置義務を規定している。つまりセクシュアル・ハラスメントは性差別等の禁止事項とは別の節で規定されているのであり，禁止されている性差別等に含まれるのではなく，事業主が措置義務を負うことによって対応するものとされている。端的に言えば均等法の中で，セクシュアル・ハラスメントと性差別とは別物として位置づけられているのである。こうした状況について角田（2021）は「この国は，定義規定なしに法的対応ができると確信している稀な国かも知れない」（角田, 2021: 14）と評し，セクシュアル・ハラスメントを明確に定義し禁止する法律の制定を訴えている。

4　　　教育環境

　日本社会においてセクシュアル・ハラスメントは，以上述べてきたような職場の問題としてだけではなく教育の場の問題としても検討されてきた。教育の場，特に大学においてもセクシュアル・ハラスメントが起こりうることを印象づけたのは1993年に表面化した京大矢野事件であろう。戒能（2002: 95）によれば，大学はむしろセクシュアル・ハラスメントが起こりやすく訴えにくい構造的特質を持っている。そして以下に示すような特質が，被害者に沈黙を強い，被害者を孤立させ，さらには被害を隠ぺいするのである。

　　一．教員の裁量権の大きさ
　　二．大学の密室性と閉鎖性
　　三．大学内での学部・教員会の相互不干渉
　　四．大学教員は学会メンバーでもあるので，大学内での紛争の
　　　　影響が学会まで及び，研究活動や就職に支障をきたすこと
　　五．直接の監督の不在
　　六．大学は良識の府だという幻想
　　七．女性教員の少なさ

　1990年代に京大矢野事件をはじめとして各地の大学でセクシュアル・ハラスメント被害の告発が相次いだのを受け，当時の文部省は均等法改正年である1999年に「文部省訓令第四号」を発令し，それを受けて各都道府県の教育委員会や学校法人も相談窓口や紛争解決のための体制を整え始めた（牟田, 2002）。それから20年が経ち，大学は自主的に独自の対策を整え，さらに改善してきた。そのイニシアチブをとったのは「キャンパス・セクシュアル・ハラスメント全国ネットワーク（以下，

全国ネットワーク）」という大学の教員たちが立ち上げた組織だと言えるだろう。全国ネットワークはモデルとなるガイドラインを独自に整えて普及させ、各大学が取るべき対策や体制の推奨基準を提案してきた。そうした活動の中で大学関係者が学んだ教訓は「訴えて、調査して、処分で終わり、ではない」ということだったと北仲（2021: 61）は指摘している。訴えることができない被害者の存在への視点、加害者の処分が済んだ後の被害者の見守りや救済、回復のサポートなどの取り組みなどが不足しており、こうした側面を埋め合わせるための「調整」が求められる。調整とは「ハラスメントかどうかの事実調査はしないが、更なる被害拡大を防止するために、とりうる現実的な対応を管理職が行うこと」（北仲, 2021: 62）とされ、具体例としては学生の指導教員変更、研究室の移動、職員の配置換え、作業や勤務する空間を分けること、加害者への警告、組織全体の研修などが挙げられる。

5　　　スポーツ環境

　スポーツ界においては2001年に、過去に財団法人日本陸上競技連盟（陸連）から優れた指導者として表彰された人物が指導に関わるセクシュアル・ハラスメントによって告訴され実刑が確定するという事件があった。翌2002年に陸連は「倫理に関するガイドライン」を策定している。しかし例えば上述の全国ネットワークが整えたモデル・ガイドラインと比べると、陸連のガイドラインはその体を備えているとは言い難いものであった（高峰, 2021）。陸連がガイドラインを策定した二年後の2004年には、財団法人日本体育協会（現日本スポーツ協会）が「倫理に

関するガイドライン」を策定する。しかしこうした動きが直ちに日本のスポーツ界全体に波及することはなかった。

スポーツ環境で生じる性暴力事例は，単独型と集団型に大別することができる。単独型では加害者が被害者と長い時間を共有する中で少しずつ両者の距離を縮め，被害者が被害を受けているという認識を麻痺させるような「グルーミング」が行なわれている。他方，集団型では性暴力という逸脱した行動をとることが男たちの「ホモソーシャルな関係」を強化し，またそうした関係が逸脱行動の抑制を思いとどまらせるのである（高峰, 2013）。

日本のスポーツ界においてセクシュアル・ハラスメントを含めた各種ハラスメントが多発する構造的要因としては権力関係，勝利至上主義，集団主義，パフォーマンス主義があり，さらには「スポーツはそういうもの」という諦めに近い社会の容認がある。「多様性と調和」を一つのビジョンとする東京2020オリンピック・パラリンピック大会の開催が決まる2013年には全日本柔道連盟の理事が2011年に起こしたセクシュアル・ハラスメントの廉で辞任した。2018年には女子の体操選手が男性コーチから暴力を，女子レスリング選手が男性の強化本部長からパワー・ハラスメントを受けたことが発覚した。スポーツ界の自浄作用に見切りをつけたスポーツ庁は，スポーツ庁，独立行政法人日本スポーツ振興センター，公益財団法人日本スポーツ協会，公益財団法人日本オリンピック委員会，公益財団法人日本障がい者スポーツ協会の五者からなる「スポーツ政策の推進に関する円卓会議」を開催し，スポーツ団体が遵守すべきガバナンスについて検討した。その結果，2018年に中央競技団体向けと一般スポーツ団体向け二つのタイプの「スポーツ団体ガバナンスコード[1]」が策定され，このコードに沿った中央競技団体の

審査が2021年度から始まっている。

6   専門用語としての"セクシュアル・ハラスメント"

　以上のようなセクシュアル・ハラスメント概念の日本社会への浸透が学術分野にどのように反映されているかについて確認しよう。[**表6-1**]には人文社会科学分野のいくつかの分野を代表する辞典・事典(以下,辞典類)を対象として「セクシュアル・ハラスメント」を検索した結果を示した。これらの辞典類は身近な図書館で入手したものであり,日本国内で出版されるすべての辞典類から何らかの基準で無作為に抽出したものではない。また表中の「字数」は概数である。

　既述のように,日本においてセクシュアル・ハラスメントということばが使われはじめたのは1980年代後半のことである。これを受けて1990年代前半には社会学と経営学の辞典類にセクシュアル・ハラスメントという語が採用され始めている。とはいえ1993年と1997年に出版された二冊の社会学の辞典類では「セクシュアル・ハラスメント」は独立した項目としてではなく,「強姦」や「フェミニズム」という項目を説明する中で単語として使用されているに留まっている。

　2000年代になるとセクシュアル・ハラスメントは法学や心理学,歴

脚注

(1)――――― 中央競技団体向けのコードでは,公共性の高いスポーツ団体としてとるべきガバナンスに関する十三の原則を遵守できているか否かを各団体が自己説明することを求めている。

[表6-1]人文社会科学系の主要分野の辞典・辞典における「セクシュアル・ハラスメント」に関する記述

出版年	書名	出版者	記述の有無	記述状態・内容	字数	分野
1987	新社会学辞典	新泉社	×			社会
	文化人類学事典	ぎょうせい	-			文化
1991	新法学辞典	日本評論社	×			法
1992	社会科学総合辞典	新日本出版	×			他
	社会学用語辞典	学文社	-			社会
1993	新社会学辞典(初版)	有斐閣	○	「強姦」の項目内の単語として記述	単語	社会
1994	最新経営学用語辞典(第1版) *1	学文社	○	項目「セクハラ sexual harassment」として	608字	経営
	文化人類学事典	弘文堂	×			文化
1995	社会心理学用語辞典	北大路書房	×			心理
1997	ラルース社会学事典(初版)	弘文堂	○	「フェミニズム」の項目内の単語として記述	単語	社会
	経営学用語辞典	税務経理協会	×			経営
	ビジネス・経営学辞典	中央経済社	×			経営
1999	心理学辞典	有斐閣	×			心理
	経営学大辞典(第2版)	中央経済社	×			経営
2002	ロータス21 法律英語辞典(第1版) *1	東京布井出版	○	項目として	540字	法
2003	歴史学事典[身分と共同体](初版)	弘文堂	○	項目として	1,960字	歴史
2004	心理学辞典(版不明)	丸善	○	項目として	43字	心理
2005	法律用語辞典(第2版) *2	法学書院	○	「労働基準法」の項目として	345字	法
	社会学小辞典(新盤増補版)	有斐閣	○	項目として	140字	社会
	新しい世紀の社会学中辞典	ミネルヴァ	×			社会
	増補版 現代経営用語の基礎知識(増補版)	学文社	○	項目として	227字	経営
2006	最新スポーツ科学事典(初版)	平凡社	○	「ジェンダー」の大項目のもと小項目として	437字	スポ
2007	ロータス21 新法律英語辞典(初版再版) *1	東京堂出版	○	項目として	521字	法
	応用心理学事典(版不明)	丸善	○	大項目として(6つの小項目含む)	2,381字	心理
	社会文学事典	冬至書房	×			文
2008	カウンセリング心理学事典	誠信書房	-			心理
	スポーツ心理学事典(初版)	大修館書店	○	「ジェンダー」の中項目のもと小項目として	494字	心理
	法律用語辞典(第3版) *2	法学書院	○	「労働基準法」の項目として	345字	法
2009	社会心理学事典(版不明)	丸善	○	「セクシュアル・ハラスメント、ストーキング」の大項目のもと小組として	1,296字	心理
	文化人類学事典(版不明)	丸善	○	「家族」「女性と暴力」の項目内で単語として記述	単語	文化
2010	法律用語辞典(第4版) *2	法学書院	○	「労働基準法」の項目として	345字	法
	現代社会学事典(初版)	弘文堂	○	項目として	552字	社会
2012	戦後歴史学用語辞典	東京堂出版	×			歴史
2013	最新 心理学事典(初版)	平凡社	○	「職場いじめ」の項目内で記述	401字	心理
			○	「性犯罪」の項目内で単語として記述	単語	心理
	比較文学辞典	東京堂出版	×			文
2015	最新基本経営学用語辞典	同文館出版	×			経営
	21世紀スポーツ大事典(初版)	大修館書店	○	「スポーツにおける暴力とセクシュアルハラスメント」の項目として	5,848字	スポ
			○	「ジェンダーとスポーツ関連法」の大項目内で単語として記述	単語	スポ
2020	デイリー法学用語辞典(第2版)	三省堂	○	項目として	252字	法
2021	有斐閣現代心理学辞典(初版)	有斐閣	○	項目として	370字	心理

*1、*2はそれぞれ版の改訂のセットを表す

「分野」欄の表記にて〝文化〟は文化人類学、〝スポ〟はスポーツ科学、〝他〟はその他を表す

史学，さらにはスポーツ科学や文化人類学の各分野の辞典類にも項目として扱われるようになる。取り上げられている分野の幅広さからは，セクシュアル・ハラスメントが学際的なテーマであること，さらに独立した項目として位置づけられていることや使用されている字数からは，日本の学術分野においてセクシュアル・ハラスメントということばが2000年代に各分野において検討されるべき用語として定着したと判断できるだろう。

　[表6-1] に示した辞典類において2010年以前に最も多い字数を使って説明しているのが『応用心理学事典（丸善, 2007）』である。この事典においてセクシュアル・ハラスメントは「産業・労働心理学」という区分で取り上げられていることもあり，基本的には労働の場における問題として説明されている。またセクシュアル・ハラスメントの「測定」「評定における性差」「加害者の特性」「起こりやすい職場の特徴」などの小項目において心理学分野の先行研究を紹介しながら説明している点が特徴的である。

7　　国内外におけるセクシュアル・ハラスメント研究の動向

　ところで，『応用心理学事典』のセクシュアル・ハラスメントの項目で取り上げている先行研究のほとんどは海外の心理学分野の論文である。ここで海外におけるセクシュアル・ハラスメント研究の動向に目を向けてみよう。2000年以前の心理学分野におけるセクシュアル・ハラスメントの研究動向については，ガテックとドーン（Gutek, B.A. & Done, R. S., 2004）によるレビューが充実している。この章ではセクシュアル・

ハラスメントの「概略史」から始まり「定義」「測定」「蔓延度」、なぜセクシュアル・ハラスメントが生じるかについての「理論的解釈」、セクシュアル・ハラスメントが生じる「前提条件」、セクシュアル・ハラスメントを受けたときの「反応」と「被害状況」、セクシュアル・ハラスメントの「判断に影響を及ぼす要因」についてまとめられている。

　上述の『応用心理学事典』のセクシュアル・ハラスメント項目を執筆した田中は、『ジェンダーの心理学ハンドブック』(2008)の「セクシュアル・ハラスメント」項目の執筆者でもある。そこでは今後の研究課題として次の三点が紹介されている(田中, 2008: 278-281)。

　　一．ラベリングの問題：セクシュアル・ハラスメントに該当する行為を受けた人がその行為をセクシュアル・ハラスメントとして認知し命名する(ラベリング)かの問題。セクシュアル・ハラスメントとラベリングできないことが被害者の心理的側面に及ぼす影響。

　　二．観察者の視点：ある人物によるセクシュアル・ハラスメント行為を被害者としてではなく周りで見ている人(観察者)による、そうした行為の問題への介入可能性。

　　三．文化心理学的・交差文化心理学的研究：異なった文化的背景をもつ社会におけるセクシュアル・ハラスメント認識や対処法の比較研究。

　続いて2000年以降の時期も含めたセクシュアル・ハラスメント研究の動向について見てみよう。カラミほか(Karami et. al., 2021)はWeb of Science, Scopus, EBSCOデータベースを含む三つの大きなデータベースから、タイトルにセクシュアル・ハラスメントを含む論文と会議抄録を収集し、重複を削除するなどのクリーニングを行ったところ、1977年か

[**図6-1**]セクシュアル・ハラスメント研究の件数と累積件数（1977〜2020年）

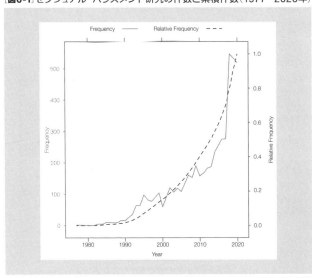

（Karami et.al., 2021 の Fig.2を転載）

ら2020年までに刊行された5320件の英語論文をリストアップした。［**図6-1**］は年ごとの件数（実線）と相対度数（破線）を示したものである。2000年段階の相対度数は2022年の20％に満たず，こうしたことから英語圏においてセクシュアル・ハラスメント研究は2000年代以降に活発化していることを確認できる。2020年の直前に急増しているのは後述する#MeToo運動の影響を受けた動向であろう。

　続いてカラミほかは"Topic Modeling"，"Topic Analysis"，"Temporal Trend Analysis"という手順を経て26のトピックを抽出した。［**図6-2**］は各トピックの"重み"を指数化し，その順に並べ替えたものである。相対

[**図6-2**]セクシュアル・ハラスメント研究における安定的，有意味なトピックスの重み
付け

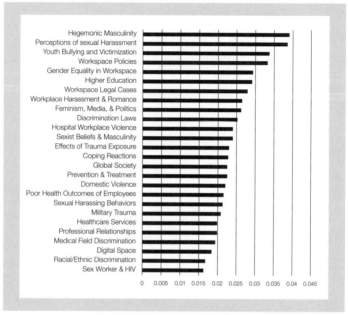

(Karami et.al., 2021のFig.4を転載)

的に重みづけが強い，つまり有意味で安定している上位に並んだト
ピックを見てみよう。Hegemonic Masculinityとはオーストラリアの社会
学者コンネル（Connell, R.W.）が1995年に刊行した"Masculinities"で使
用した概念であり，これがセクシュアル・ハラスメントが生じる場の理
論的解釈として援用されたのだと思われる。"Perceptions of Sexual
Harassment"は人々がどのような言動をセクシュアル・ハラスメントと認
知するか，その認知にどのような要因が影響を及ぼすかに焦点を当て

た研究群である。このトピックは前述のガテックとドーンによるレビューにおいても最も広範に発表されている分野と紹介されており，2000年以降は件数自体は減少傾向にあるが，依然として積極的に取り組まれている。その他，"Youth Bullying and Victimization" や "Higher Education" といった教育分野，"Workplace Policies" や "Gender Equality in Workplace"といった労働分野の研究が主に展開されていることを確認できる。

8 　　セクシュアル・ハラスメントをめぐる新たな展開

　さて，話題を再びセクシュアル・ハラスメントをめぐる近年の社会の動向に戻そう。2017年の秋には，アメリカ合衆国でハリウッドの大物プロデューサー，ハーヴェイ・ワインスタイン氏による数十年にわたるセクシュアル・ハラスメントをニューヨーク・タイムズが報じ[2]，それに応じて被害にあった女優たちが次々に告発をするというムーブメントが起こった。その際にSNS上で「Me Too」と声を上げる動きが出たことからMe Tooあるいは#Me Tooと呼ばれる。このムーブメントはハリウッド界のみならずメディアや芸術分野，政治分野まで波及し，さらにはヨーロッパやアジア諸国にまで波及したことから，世界規模のセクシュアル・ハラスメント告発ムーブメントとなったのである。

脚注
(2)──── この一連の経緯については，大元となる告発記事を書いたニューヨーク・タイムズの記者，カンター，J＆トゥーイー，M(2020)に詳しい。

2017年にニューヨーク・タイムズの取材が進んでいる頃に，日本ではフリージャーナリストの伊藤詩織氏が性的暴行を受けたとして当時TBSテレビのワシントン支局長だった山口敬之氏を告訴した[3]。刑事事件としては山口氏は不起訴処分となったが，その後の民事訴訟は伊藤氏の勝訴となる。

　同じ2017年には百十年ぶりに刑法の性犯罪に関する規定が改正された。「強姦罪」という名称自体が「強制性交等罪」に変わり，処罰される行為の幅が広がった。また法定刑が「三年以上」から「五年以上」へと強盗と同等に引き上げられ，親告罪ではなくなり，親などによる十八歳未満の子どもに対する性的虐待を禁じる監護者性交等罪が新設された。

　海外から#Me Tooの声が届き始めていた2018年4月には，当時の財務省事務次官であった福田淳一氏がテレビ朝日の女性社員に性的な発言を繰り返したとされ，テレビ朝日が財務省に対して抗議した。財務省は福田氏によるセクシュアル・ハラスメントを認め，福田氏は訓告処分を受け，依願退官している。

　刑法が改正される一方で，2019年3月には性犯罪に関する4件の刑事裁判で相次いで無罪判決が言い渡された。これら4件のうち3件では加害者が被害者の意に反して性行為を行ったこと，うち2件では被害者が抵抗できない状況であったことを裁判所が認定したのにもかかわらず，である。こうした判決への怒りは女性たちを動かし，フラ

脚注
(3)──── この経緯について伊藤詩織（2017）を参照のこと。

ワーデモとして抗議活動が実践されている(伊藤, 2021)。

9 おわりに～「男性問題」としての「ハラスメント社会」からの脱皮

　こうした最近の日本における動向をみると，諸外国が#Me Tooの波にうまく乗れているのに対して，日本は二の足を踏んでいるように感じられる。二の足を踏んでいるのは誰か？　それは日本の男性たちであろう。上述のようにセクシュアル・ハラスメントは第二波フェミニズムの流れの中で概念化され，主に女性たちがそうした動きを突き動かしてきた。このような経緯からか，セクシュアル・ハラスメントは女性の問題と捉えられる傾向にあるが，セクシュアル・ハラスメントはむしろ男性の問題なのである。

　もちろんセクシュアル・ハラスメントが権力関係を背景に生じるとすれば，必ずしも男性から女性に対して行われる言動には限らない。しかし角田 (2021) や金子 (2021) が指摘するように日本社会が未だに家父長制を根強くもつジェンダー化された男性社会であり，そうした社会を背景にセクシュアル・ハラスメントが生じていることを考えると，やはりセクシュアル・ハラスメントは男性問題として捉えるべきであろう。

　青土社『現代思想』2013年11月号の特集テーマは「ハラスメント社会」であった。この雑誌が発刊された頃に，「多様性と調和」を掲げる2020年東京オリンピック・パラリンピックの開催が決まった。それから8年が過ぎ，オリンピック・パラリンピックは形式的には開催されたが，それによって「ハラスメント社会」はどの程度解消されたのだろうか。筆

者には混乱が深まったとしか感じられない。この現状を打開する一つの視点が「男性問題としてのセクシュアル・ハラスメント」だと期待したい。自分たちがもつ権力性を自覚し，自分たちの欲望に真摯に向き合うことを避けては，セクシュアル・ハラスメント問題の解決は望めないだろう。

引用・参考文献

浅倉むつ子（2021）「セクシュアル・ハラスメントをめぐる法的問題　労働法の領域から」角田由紀子・伊藤和子［編］『脱セクシュアル・ハラスメント宣言』かもがわ出版，99-119頁

伊藤和子（2021）「セクシュアル・ハラスメントをめぐる法的問題　刑事法の領域から」角田由紀子・伊藤和子［編］『脱セクシュアル・ハラスメント宣言』かもがわ出版，82-98頁

伊藤詩織（2017）『Black Box』文藝春秋

戒能民江（2002）「キャンパス・セクシュアル・ハラスメント」『岩波　女性学事典』岩波書店 95-96頁

ガテック，B・A＆ドーン，R・S（2004）「セクシュアル・ハラスメント」アンガー，R・K［編著］日本心理学会ジェンダー研究会［訳］『女性とジェンダーの心理学ハンドブック』北大路書房，434-459頁

金子雅臣（2021）「男たちの意識をどう変えるか」角田由紀子・伊藤和子［編］『脱セクシュアル・ハラスメント宣言』かもがわ出版，134-158頁

北仲千里（2021）「大学でのセクシュアル・ハラスメント　その構造と対策」角田由紀子・伊藤和子［編］『脱セクシュアル・ハラスメント宣言』かもがわ出版，53-63頁

カンター，J＆トゥーイー，M／古屋美登里［訳］（2020）『その名を暴け──#MeTooに火をつけたジャーナリストたちの闘い』新潮社

高峰修（2013）「ハラスメントの受容　なぜスポーツの場でハラスメントが起こるのか」『現代思想』41(15)，157-165頁

高峰修（2021）「日本のスポーツ環境におけるハラスメントをめぐる20年」『女性としごと』55，134-158頁

田中堅一郎（2008）「セクシュアル・ハラスメント」青野篤子・赤松淳子・松並知子［編］『ジェンダーの心理学ハンドブック』ナカニシヤ出版，269-288頁

角田由紀子(2021)「セクシュアル・ハラスメントの歴史と構造」角田由紀子・伊藤和子［編］『脱セクシュアル・ハラスメント宣言』かもがわ出版，10-11頁

マッキノン，C・A／村山淳彦［監訳］志田昇ほか［訳］（1999）『セクシュアル・ハラスメント オブ ワーキング・ウィメン』こうち書房（MacKinnon, C. A. (1979). *Sexual Harassment of Working Women.* London: Yale University Press）

牟田和恵(2002)「スクール・セクハラ」『岩波 女性学事典』岩波書店，265-266頁

Karami, A., M.Y. Spinel, C.N. White, K. Ford and S. Swan (2021). "A Systematic Literature Review of Sexual Harassment Studies with Text Mining." *Sustainability*, 13（12), 6589.〈https://doi.org/10.3390/su13126589（最終確認日：2021年9月22日）

II

第II部
デジタル社会における
多様性とメディア, アート, ファッション

メディア論と芸術の変容

大黒岳彦

1　　はじめに——本稿の関心の所在

　本稿の基となっているのは，2019年11月14・15の両日に実施された情報コミュニケーション学部ジェンダーセンター創立10周年記念イベント『二一世紀の多様性と創造性——学術・アート・ファッションにおける新展開　パート2：デジタル社会の多様性と創造性——アートとファッションの新展開』のオープニング・シンポジウムにおいて行った筆者による同じタイトルの報告原稿である。但し，報告から既に3年が経過しており，またその間には，未だ終熄を見ていない，したがって本書執筆者の多くがそれぞれの所論において触れるであろう，コロナ禍の人類規模での経験もある。おそらくはこの事態に関説せずに稿を起こすことは難しいだろう。また「芸術（アート）」というテーマが，極めて重要な主題であるにもかかわらず，筆者にとっては初めて纏まった形で論ずるテーマであったこともあり，また報告当日の時間的制約，登壇者や来場者への気遣い，そして今考えると，あらずもがなの〝リップサービス〟も些か過ぎたようで，筆者の本意が充分に展開できなかった憾みがある。というわけで，本稿では当日の報告内容は立論の核（コア）として維持しつつも報告の根底にある理論的背景から，当日の報告に籠められた筆者の問題意識を改めて照らし出すという方針を掲げて議論を進めることにしたい。

＊　　＊　　＊

　まずは，本稿の問題意識の大枠を前以って提示しておこう。
　私事（わたくしごと）から稿を起こすのは気が引けるのだが，筆者は〈メディア〉論や

〈情報社会〉論の看板を掲げてはいるものの，主観的には飽く迄も一介の哲学徒のつもりである。ただ〈哲学すること〉（philosophieren）の対象が森羅万象に及ぶことを逆手に取りつつ，戦略的にその対象を〈メディア〉と〈情報社会〉に定めている，というに過ぎない。さて，本丸であるその「哲学」の重要な一分肢に「美学」が存在する。先の言い回しを準れば，〈美〉を〈哲学する〉分野である。だが近年，この「〈美〉学」において，その本来の探求対象であると伝統的にみなされてきた〈美〉が，自明でア・プリオリな対象であることに疑問が呈され，また，それまで当然の措置とみられてきた〈美〉と〈芸術〉との緊密な関係を疑う傾向が顕著の域を越えて，最早，立論枠組みのデ・ファクト・スタンダードとなりつつある[1]。これは，取りも直さず〈美〉そのものが「美学」にとって，副次的ないし派生的な身分をしか有さないことを「美学」それ自体が宣言するという極めて逆説的な事態である。どうしてそのような事態に立ち至ったのか？

　要因は単純ではないが，筆者の見立てでは〈情報社会〉の成立によって〈芸術〉と〈美〉を巡る〈創作/鑑賞〉の意味とその布置構造が大きな変容を遂げたことが要因としては大きい。しかし，その立ち入った分析は後論に委ねよう。問題は〈美〉と〈芸術〉の自明性・特権性が失われたことの結果として，〈美〉の相対化現象と〈美〉に代わる基幹的カテゴリーの他領域──とりわけ社会学──からの借入を「美学」が余儀なくされていることである。孰れにしろ，こうした〈美〉の空疎化と形式化，

脚注

(1)──── 佐々木健一『美学への招待』（中公新書）2004，小田部胤久『西洋美学史』（東京大学出版会）2009。

そして〈芸術〉の社会的機能への還元が,〈情報社会〉という現在の社会形態における〈美〉と〈芸術〉の現実であることは,後にみる通り,掩うべくもない。

　だが本稿は,こうした現実を学問的に追認することを目的として書かれるわけではない。逆に本稿はそうした現状を〈美〉と〈芸術〉にとって不健全ないし不幸な事態であると考える。なぜなら,本稿は,一方で〈美〉と〈芸術〉の相対化現象を事実として認めつつも,それにも拘わらず〈美〉を原理的で根源的な〈価値〉であり,〈芸術〉をその〈発見〉に係わる〝公共的〟〈価値〉領域であると考えるからである。後論を一部先取りしつつ前以って断言するならば,〈美〉と〈芸術〉の相対化現象は,〈美〉を以って〈形式＝形相〉的原理とみなす,現代において主流となった観方に淵源する。こうした観方を〈素材＝質料〉的原理に転換するとき——それは即ち「美学」（Ästhetik）という独立したディシプリンの創始者であるA・G・バウムガルテンの所説に立ち返ることでもある——〈美〉と〈芸術〉の,他の何物にも還元され得ぬ,固有の特性を恢復することに繋がるはずである,というのが本稿が展開するシナリオである。そしてその戦略はマクルーハンの〈メディア〉論が採る戦略でもある。その意味で,本稿は以上の事情を踏まえつつ,閉塞状況に陥った〈美〉と〈芸術〉の現状に,〈メディア〉論の視角から突破口を穿とうとする一つの試みである。

2　　〈芸術〉の近代的変容——〈実質〉から〈形式〉へ

　「美学」において長らくパラディグマティックな理論的枠組みを提供し

てきたのは，プラトンの創始になる〈模倣〉（ミメーシス）（$\mu\iota\mu\eta\sigma\iota\varsigma$）論である。これは彼の所謂〈イデア〉（$\iota\delta\acute{\epsilon}\alpha$）説からの必然的帰結であって，〈美〉そのものは不動不滅の〈イデア〉領域にある〈原型〉（アルヒェテュープ）（Archetyp)をなしており，〈芸術〉（アート）は，それを模倣的に再現する。〈芸術〉（アート）作品は，それが所詮〈模倣〉に過ぎぬという意味では，〈美〉そのものの〝劣化〟形態なのだが，にもかかわらず〈美〉そのものへ通ずる唯一のルートである限りにおいて，それは特権的な地位を確保し得た。また，〈芸術〉（アート）の内部においても，その〈素材〉（メディウム）の〝透明性〟，すなわち如何にその〈素材〉（メディウム）が物質性に由来するノイズを抑えて〈美〉そのものを忠実に再現可能であるか，によって優劣が判定された。ある場合は，〈声〉を〈素材〉（メディウム）とする「詩」こそが最も〈美〉に近い至上の〈芸術〉（アート）だとみなされ，またある場合には，否，〈音〉を〈素材〉（メディウム）とする「音楽」こそがその地位に相応しいとされたり，と時代や判定者による揺らぎはあったが〈模倣〉（ミメーシス）論の枠組みそのものが揺らぐことはなかった。

　事態に変化が生じるのは近代に入ってからである。一八世紀のロマン主義の時代においても，〈原型〉の位置を占めるのが〈イデア〉から〈自然〉に挿げ替えられはしたが，〈模倣〉（ミメーシス）論の構図は維持された。が，他方でこの時代以降におけるマス・メディアの普及と覇権が〈創作〉を事とする特権的〈作家＝天才〉と，受容のみを為し得るに過ぎない，それ以外の〈鑑賞者＝凡庸〉との二極的分化を生んだ。このことは，一つには〈美〉と〈芸術〉（アート）との地位逆転を生ぜしめる。すなわち〈芸術〉（アート）が，それに先立って存在する〈美〉を〈模倣〉する作業から，〈作家〉という特権者(＝天才)による〈美〉の〈創造〉行為へと変容を遂げるのである。これが〈美〉の〈作家〉への従属を意味することにも留意されたい。つまり〈作家/鑑賞者〉分化の第二の効果として，〈美〉は〈模倣〉されるものではなく，〈作

家〉によって〈創造〉されるものだという了解が成立をみる。但し〈作家＝天才〉といえども，神ではない以上〈質料＝素材〉的実在を創造することはできない。したがって彼の〈創造〉行為とは〈形式〉の〈創造〉でしかあり得ない。ここに，〈美〉はそれまでの〈質料的＝内容的＝実質的〉存在から，〈形相的＝形式的＝抽象的〉存在として捉え返されることになる。

　具体的に言えば，例えば音楽の分野では，最後にして最大のロマン派であるR・ワグナー（或いは，A・ブルックナー）後に出た印象派のC・ドビュッシー，詩作ではドビュッシーとの連動が認められる象徴派のS・マラルメ，絵画分野では後期印象派のP・セザンヌ，V・ファン・ゴッホ，P・ゴーギャンらが挙げられよう。これらの〈天才＝作家〉達によって〈創造〉された近代的〈芸術〉(アート)の特性とは，では，何か？

　まず，（一）〈作家〉によって〈創造〉されたそれぞれの作品世界の自己完結性が挙げられる。それらの作品は，それまでの芸術作品とは異なり，作品外部の如何なる存在をも模倣・再現していないどころか，指示関係すら無い。そこに認められるのは，〈作家〉が作品において具体化した新たな〈形式〉の自己言及的な展開の首尾一貫性のみである。こうした指向は「芸術のための芸術」（L'Art pour l'art）(ラール・プル・ラール)の標語に最も鮮やかに表明されている。次に（二）〈作家〉が〈創造〉した諸〈形式〉を時系列に沿って通覧したとき判明するのは，先行する〈形式〉を後続する〈形式〉が否定もしくは超克している――少なくとも，それを志向している――ことである。それは絵画で言えば，例えば後期印象派の後に，フォーヴィズム，キュビズム，シュルレアリスムといったそれを否定する〈形式〉の〈創造〉が続いた事実が示している。したがって〈形式〉は，〈天才＝作家〉達による否定作用によって常時更新されることで，逆説

的にも自己否定の連続的系譜を形作ることになる。近代芸術のこうした自己否定作用を端的に表明しているのが所謂〈 前 衛 〉(アヴァン・ギャルド)(avant-garde)に他ならない。こうして唯一絶対的であった〈美〉は,〈形式〉として多数化されることで相対化される。最後に(三)〈形式〉の〈制度〉による支持と承認である。〈芸術〉(アート)作品が〈美〉という超越的実在との紐帯を断ち切られたことで,近代的〈芸術〉(アート)作品の本質をなす〈形式〉は,その支えを失い宙に浮く。それを防遏すべく〈美〉に代わって〈芸術〉(アート)を支えるのが,〈制度〉である。この場合の〈制度〉は,例えば,絵画を例に取れば,〈作家〉の作品を値付けし売買する画商や,展覧会を定期的に開催し作品の優劣を評価して優れたものには賞を付与する美術家団体を含む所謂「画壇」,展覧会や個展に足を運び,気に入った作品が見つかれば購買し,場合によっては〈作家〉の創作活動の支援も厭わない,パトロンとしての絵画ファン,更には,画家を志す新進気鋭の若手に成長のための資源と機会とを公的に与える芸術学校,などによって構成される。文学や音楽など他の〈芸術〉(アート)分野にも同様の〈制度〉が当然存在する。こうした〈芸術〉(アート)の外部たる〈制度〉によって初めて,〈芸術〉(アート)は〈美〉と切り離されるのと引き換えに,その〈自立=自律〉性が保証されるのである。

---

3 〈芸術〉(アート)の終焉へ

　上に挙げた近代的〈芸術〉(アート)の三つの特性は,オルテガによる〈芸術の非人間化〉の指摘[2]を嚆矢として,J・デリダの〈パレルゴン〉($\pi\grave{\alpha}\rho\varepsilon\rho\gamma o\nu$)[3],P・ブルデューの〈界〉(ジャン)(champ)[4],A・ダントーの〈アートワールド〉(artworld)[5],N・ルーマンの〈芸術システム〉(クンスト)(Kunstsystem)[6]などにお

いて理論的解明の対象ともなってきた。注目に値するのは，彼らの分析が，長らく〈芸術〉の根拠であり続けてきた〈美〉（≒〈形式〉）という価値の相対性のメカニズムを闡明するものであるとともに，そこには〈美〉を社会的機能へと還元する傾向が顕著に見られる点である。そのことは，上に挙げた論者たちが狭義の「美学」者でないというのみならず，その中には「社会学」者もまた含まれている事実からも察せられよう。ルーマンなどは近代以降の〈芸術システム〉の〈コード〉を〈美／醜〉（schön/häßlich）ではなく，〈適合的／非‐適合的〉（passend/nicht-passend）とし，〈形式〉の系譜が前提的教養として了解されていることを芸術的〈コミュニケーション〉であるか否かの──すなわち〈芸術〉の，機能的〈システム〉としての〈閉鎖＝閉包〉性の──メルクマールとするほどなのである。

　右のような指摘を基に，〈芸術の終焉〉を言い立てる論者も存在する[7]。だが，近代的〈芸術〉においては〈美〉の特権性や，〈美〉との紐

脚注

(2)─────── Ortega y Gasset, *La deshumanización del arte e Ideas sobre la novela*, 1925.邦訳『芸術の非人間化──現代芸術とは何か』（荒地出版社）

(3)─────── Derrida, J., *La vérité en peinture*, 1978. 邦訳『絵画における真理』（法政大学出版局）

(4)─────── Bourdieu, P., *Les règles de l'art* ,1992. 邦訳『芸術の規則』（藤原書店）

(5)─────── Danto, A., 'The Artworld,' in *The Journal of Philosophy*, Vol. 61, No. 19, American Philosophical Association Eastern Division Sixty-First Annual Meeting. (Oct. 15, 1964) , pp. 571-584. 邦訳「アートワールド」（『分析美学基本論文集』勁草書房に所収）。

(6)─────── Luhmann,N., *Die Kunst der Gesellschaft*,1996. 邦訳『社会の芸術』（法政大学出版局）

(7)─────── 註1の両著を参照。

帯が失われた，とは言い得ても，〈芸術〉そのものが終焉したというのは少々誇張が過ぎる物言いであろう。だが〈情報社会〉論的なアングルから観るとき，近年〈芸術の終焉〉という表現が必ずしも大袈裟とは言えない事態が出来しつつある。インターネットの爆発的普及とSNSに代表される，これまで無かった新たな〈コミュニケーション〉形態の誕生による〈創作＝表現〉行為の〈民主化＝陳腐化〉現象がそれである。

　本節の冒頭で列挙した論者らが例外なく自明視しているのは，「作家」と「作品」の存在である。近代的〈芸術〉にあっては，所謂「画壇」（「文壇」「楽壇」）の権威的構造や〈芸術〉分野の教育カリキュラム，そして〈商品〉としての「作品」，〈商品〉価値の根拠となる〈ブランド〉としての「作家」は全て，この「作家－作品」のペアリングによって支えられている。そして，こうした，〈作家－の／による－作品〉という構図が成立したのは，〈活字〉メディアが普及をみた16世紀以降であり，またこの構図が資本主義体制に組み込まれ，「作品」が〈商品〉として流通するのはマス・メディアが〈システム〉として社会から機能的に分出した19世紀後半以降——実質的には20世紀に入ってから——のことに過ぎない。頂点をなす〈作家〉（集団）が，〈作品〉を〈商品〉として消費する〈大衆〉の底辺と，マス・メディアによる〈作品〉流通を媒介として，一方向的に繋がれる円錐的構造を，筆者は予てより〈放 － 送〉（Broad-cast）と呼んできたが，こうした体制においては〈芸術〉は〈作家－の／による－作品〉の〈創作－流通－消費〉という形で存続・再生産されており，また〈作家〉の方でも常に新たな〈形式〉を〈作品〉の形で具現化することで「画（文・楽）壇」での地位とブランド力を維持し，更には高めてゆく体制を確立させており，〈芸術の終焉〉と呼び得る事態など何処にもみられない(8)。

ところが，ノードとノードとを双方向に結ぶネットワークが二次元的に
ノッペリと拡がってゆくインターネットの〈コミュニケーション〉構造——
筆者はこれを〈ネット－ワーク〉（Net-work）と呼ぶ——においては，特
権的な〈作家〉という頂点が存在する余地は構造的に有り得ない。何
故なら，各ノードは原理的に等価であって，したがって〈作家〉もまた
〈ネット－ワーク〉を構成するノードの一つに過ぎないからである。観方
を変えて言えば，各ノードが情報の発信元になり得る限りにおいてノー
ドの全てが〝作家〟を名乗ることが出来る。そしてネットワークの全ノード
が潜在的に〝作家〟であるような体制にあっては〈作家〉は没概念と成り
了わる他ない。〈作品〉の運命もまた〈作家〉のそれと一蓮托生である。
〈作家〉が〈創造〉した固有の〈形式〉の具体化であるが故に，比肩する
存在を許さない〈作品〉は，自称〝作家〟においては〈コピペ〉と〈トリミン
グ〉の結果としての〈コンテンツ〉に変容する。そして，その〈コンテンツ〉
の価値を決定するのは，「画（文・楽）壇」という権威ではなく，PV（Page
View）や「いいね」の〈数〉である。こうして，これまで〈芸術〉を支えてき
た「作家」と「作品」が消滅の危機に瀕する〈ネット－ワーク〉体制におい
てこそ，〈芸術の終焉〉は真面目に心配されてよい。

脚注

(8)———— デュシャンの『泉』に代表されるいわゆる「レディ・メイド」やウォーホルの〈ファクト
　　　　　リー〉でのシルクスクリーン作品を持って〈芸術の終焉〉を言い立てる向きがある
　　　　　が，〈作家－の / による－作品〉である限りにおいて，それらは立派な〈芸術〉で
　　　　　ある。ウォーホルの〈ファクトリー〉は〈芸術〉のこうした構造を逆手に取りつつ，そ
　　　　　の確信犯的な利用を戦略的に採用していると言ってよい。

4   〈メディア〉論からみた〈芸術〉の意義

　マクルーハンの〈メディア〉論は両つの相貌を有する。1つは「メディアはメッセージである」（The medium is the message.）という惹句に象徴される〈メディア〉史観――各時代の主導的メディアがその時代の世界観的パラダイムの土台となる――であり，いま1つは，植字工の誤植をマクルーハンが面白がってキャッチフレーズとして採用したと伝えられる「メディアはマッサージである」（The medium is the massage.）によって隠喩的に言い現されている〈触知〉（tactile）理論としての相貌である[9]。前者の相貌については人口に膾炙しているため説明の必要はないと思うが，後者の相貌については前者ほどには知られていない。だが，残りの紙幅でその詳細を論じることは難しいため，目下の主題である〈芸術〉との係わりでのみ，この〈触知〉理論の意義を考えることにしよう。

　マクルーハンは〈芸術〉を新たな知覚的パラダイム，新たな知覚的世界観への〈触知〉的〈探索〉（probe），謂わば認識論的実験の営みとして捉える。絵画に実例（但し，必ずしもここで言及する全ての事例がマクルーハンによって実際に挙げられているわけではない）を求めながら彼の議論を跡付けてゆこう。ルネッサンス以前の絵画は，〈意味＝主題〉によって構成されている。その典型が宗教画である。また構図においても空間的位置関係とは拘わりなく，最も重要なモチーフが中央に最も大きく

脚注

(9)――― McLuhan,M., with Quentin Fiore, The Medium Is the Massage：An Inventory of Effects,1967. 邦訳『メディアはマッサージである』（河出書房）

描かれる。これは当時の生活世界そのものが〈意味＝主題〉的に構成されていたことの反映である。だがルネッサンス期に，この旧い知覚的パラダイムに対して，ブルネレスキ，アルベルティ，ドナテッロ，そしてレオナルド・ダ・ヴィンチといった〈作家〉たちが絵画という非・言語的な〈触知〉的〈探索〉の手段を用いて，〈私〉を中心としたパースペクティヴに事物を配置することで世界を編制してゆく新たな知覚的世界観を〈発見〉し提示する。この新たな知覚的パラダイムは長い時間を掛けて市民権を得，絵画の世界においては「写実主義」として定着をみることになる。

　ところが19世紀後半，マスメディアの覇権と軌を一にして，〈作家〉たちは，それまでの〈私〉中心の「写実主義」的な世界把握である知覚パラダイムとは異なる，新たなパラダイムを絵画によって〈触知〉的に模索し始める。例えば，形や輪郭を「色」へと還元してゆく「印象派」，物を様々なパースペクティヴからの見え姿に一旦分解した上でそれを綜合する「キュビズム」，そして，物の根底や背後に不可視の無意識的形象を読み込んでゆく「シュルレアリスム」などである。われわれは，これら新たな知覚的パラダイムの実験的〈創造〉が，「印象派」＝マッハやベルグソンの「現相一元論」，「キュビズム」＝フッサールの現象学，「シュルレアリスム」＝フロイトの精神分析，というように，それぞれ新たな世界観を言語的に定式化しようと試みた哲学思想の試みと共鳴関係にあり，その非・言語的なヴァージョンであることに気付く必要がある。そして，そうであるとするならば，〈芸術〉とは，既存の美学理論や先に紹介した論者が主張するが如き，現実世界と切り離された単なる〈形式〉の天才的〈創造〉とその更新の営為ではあり得ない。それは，われわれの生活世界に根を持つ，新たな知覚的原理〈発見〉の先駆的営み

であって，その意味でそれは，新たな感覚的（ästhetisch）な原理〈発見〉の営みとしての，バウムガルテン以来の〈美〉学（Ästhetik）の再生と言い得る。

　そして，そうした事情はインターネットが社会基盤をなす情報社会においても変わらない。すなわち，知覚的世界とは無縁であり，それ故に原理的に相対的な身分を免れることがない〈形式〉の，〈作家〉による目紛しい〈創造〉的更新を〈芸術〉の営みとみなす既存の観方に対して，新たな世界への対峙の仕方──これまでのような，モノの〈形式＝形相＝抽象〉的原理にではなく，逆に〈素材＝質料＝メディウム〉的原理にこそ不確定的で匿名的かつ非・人称的な〈創造〉性を認めてゆこうとする，そして従来の単なる知覚的な領域に留まらぬ，〈間‐身体〉的で〝公共的〟な世界把握のあり方──が当今の〈芸術〉によってもまた提示されているように思われる[10]。〈芸術〉はそこでは最早一人の天才には還元不可能な──その意味で〝匿名的〟な──〈素材＝質料〉の水準での（例えば，東北大震災や現在のコロナ禍のような）共通体験と〈共通感覚〉（sensus communis）を創造の基礎に据えた営為である。そのような営みがなされ続ける限り，情報社会にあってその終焉が危惧される〈芸術〉は，未だ健在であることを自ら証示していると言えよう。

脚注

(10)──── 一例として，建築における創造行為において，素材性に着目する門脇耕三が第一七回ベネチア・ビエンナーレに出品した作品『高見澤邸』が挙げられる。門脇らと筆者の討議「情報社会における根源的ノイズ」（『ふるまいの連鎖：エレメントの軌跡』TOTO出版，2020に所収）を参照。

【追記】本稿脱稿後に，芸術（アート）はメタヴァースとブロックチェーンをベースにNFT（Non-Fungible-Token）という新たな形態を生み出した。この論点については拙稿「メタヴァースとヴァーチャル社会」（『現代思想』青土社2022年9月号「特集：メタバース」に所収）を参照されたい。

引用・参考文献

小田部胤久（2009）『西洋美学史』東京大学出版会

佐々木健一（2004）『美学への招待』中央公論社

大黒岳彦（2020）「情報社会における根源的ノイズ」門脇耕三［監修］『ふるまいの連鎖：エレメントの軌跡』TOTO出版，130-137頁

Bourdieu, P.（1992）. *Les règles de l'art.* Paris: Éditions du Seuil.（石井洋二郎［訳］（1995・1996）『芸術の規則　1・2』藤原書店）

Danto, A.（1964）. The Artworld. *The Journal of Philosophy*, 61(19), American Philosophical Association Eastern Division Sixty-First Annual Meeting（Oct. 15, 1964）: 571-584.（西村清和［訳］（2015「アートワールド」西村清和［編・監訳］『分析美学基本論文集』勁草書房，9-35頁）

Derrida, J.（1978）. *La vérité en peinture.* Paris: Édition Flammarion（阿部宏慈［訳］（1998）『絵画における真理』（法政大学出版局）

Gasset, O. Y.（1925）. *La deshumanización del arte e Ideas sobre la novela* Madrid: Revista de Occidente（川口正秋［訳］（1967）『芸術の非人間化──現代芸術とは何か』荒地出版社）

Luhmann, N.（1996）*Die Kunst der Gesellschaft*（馬場靖雄［訳］（2012）『社会の芸術』法政大学出版局）

McLuhan, M. & Fior, Q（1967）*The Medium Is the Massage: An Inventory of Effects*（南博［訳］（2010）『メディアはマッサージである』河出書房新社）

メディアアートの過去・現在・未来
——キュレーターの軌跡から

四方幸子

1　　　はじめに

　現代社会において，インターネットやデジタル技術はインフラとして
定着した感がある。情報の入手やコミュニケーション，映像や音楽の
享受，各種決済まで，日常の多くのことがらがパソコンやスマートフォ
ンなどのIT機器を通じて行われている。これらの機器は，非常時には
ライフラインとして人々に情報を送り安全へと導くものの，その背後に
個々の行動を解析する巨大なフィードバック・システムを形成している。
　膨大な情報が瞬時に処理・共有されるシステムは，人々の反射的
な行動を加速させがちである。SNSやアルゴリズムを介したレコメン
デーションの連鎖によって，人々は，ユーザーというよりもシステムに情
報をフィードする存在と化したかのようである。
　メディアアートは，デジタル技術が普及し始めた1990年前後に黎明
期を迎え，現在に至る。時代時代に更新される科学・技術に触れな
がら，それらが社会や環境にもたらす潜在的可能性と問題系をいち早
く感知し，作品やプロジェクトとして可視化してきた領域である。そこで
は当初から21世紀に向かうビジョンが存在していたが，科学・技術の
進歩や社会で受容される土壌が追いついていなかった。
　メディアアートは，更新され続けるメディアに介入し，新たなメディア
の創造や異なるメディアの連結を試みる領野であり，既存の分野に収
まらない境界領域からのクリティカル（批評的・危機意識をもつ）なまなざし
を根底に据えている。アルゴリズムによる世界の加速化やブラックボッ
クス化，効率性や経済性へと偏りがちな科学・技術に対して，直観的
創造力によって人々に新たな知覚や価値観をもたらすミッションをもつ
といえるだろう。21世紀に入り急速に進むデジタル化の中で近代的な

システムのほつれが見うけられたが，ポストパンデミックの時代に入った現在，さまざまな領域で大幅な見直しが行われつつある。それはまた，メディアアートが提示してきた問題系が社会で広く認知されうる時代が来たことを意味するように思われる。

　本章では，メディアアートの過去・現在をその黎明期からキュレーターとして関わってきた筆者の視点から振り返り，そこに通底する領域横断的な特徴を確認するとともに，ますます重要となっているメディアアートと社会が切り結ぶ未来について展望する。

2　　　1990 年代：アートとサイエンスの領域横断的実験

　「メディアアート」という言葉は，1980年代のコンピュータの高速化が可能にしたインタラクティブ・アートの登場を契機とする。その最初の作品とされるジェフリー・ショウの《レジブル・シティ》（1989）は，自転車をインターフェイスとして体験者が文字でできたバーチャルな都市を移動するものであった。この年には東西冷戦が終了，メディアアートの誕生は21世紀に向けた転換期と同期している。

　当時コンピュータは，企業や大学など研究機関以外でのアクセスが困難であった。そのような中，とりわけドイツやオーストリアでメディアアートの研究機関が生まれ，可能性の領野に絵画，音楽，演劇，建築，コンピュータ科学などから人材が流れ込んだ。メディアアートは領域横断的な実験場として，当時最先端のバーチャル・リアリティ（VR）や人工生命（AL），人工知能（AI）などを応用しながら身体や知覚における実験を開始した。自作のインターフェイス，脳波や脈拍など生体情

[図2-1] 古橋悌二《LOVERS——永遠の恋人たち》(1994)

　報の取得，情報エージェントやバーチャル世界とのインタラクションなど多様な作品は，いずれも体験者と環境とのフィードバックを通して現実と非現実，身体と環境，生命と非生命の境界を問い直すものであった。

　1990年代に筆者は，キヤノン・アートラボ（キヤノン株式会社の文化支援で同社のエンジニアとアーティストのコラボレーションによりメディアアートを制作するプログラム）の共同キュレーター（阿部一直，四方幸子）として数多くの実験的な作品の制作に関わった。その中で，メディアアートの歴史を変えた日本人の作品に古橋悌二の《LOVERS——永遠の恋人たち》（アートラボ第4回企画展，1994）と三上晴子の《モレキュラー　インフォマティクス——視線のモルフォロジー》（アートラボ第6回企画展，1996）がある。

　前者は京都を拠点とするアーティストグループ，ダムタイプの中心的存在であった古橋の唯一の個人名義のインスタレーションである。

HIV＋を自覚した本人が，自らの身体内の闘いと情報化が進む社会の中で構想した作品は，暗い空間に等身大の裸体の人々が時に出会いすれ違う，映像と音による静謐な空間となった（1998年にニューヨーク近代美術館に収蔵）。

　後者はキヤノンの視線入力技術を採用したVR作品で，体験者の視線の軌跡がモレキュラー（球体分子状）となってリアルタイムでバーチャル世界に現れることで，「視ることを視る」という自己言及的な状況を作り出すインタラクティブ作品である。その後二人用にバージョンアップされることで，作品の構造とコンセプトがコミュニケーションへと進化するという，アート作品としても前例のない展開を遂げた。

　キヤノン・アートラボでは，デジタルとアナログをつなぐ情報のプロセスやダイナミズムをセンシングし可視化する抽象的かつコンセプチュアルな作品が探求された。と同時にアーティストや体験者それぞれの差異（人種，国籍，セクシュアリティなど）や身体性を意識し，多様性に開いたアプローチを心がけていた。

　メディアアートでは，1990年代半ば前後にネットアートが登場，その後ソフトウェアアートが生まれ次第にDIYのコミュニティが世界各地で形成される。インタラクティブ・アートは，インターネットとの連結や屋外でのパブリック・プロジェクトとして不特定多数の人々へと開かれていく。

3　　　　2000年代：メディアアートの拡張：公共空間でのプロジェクト～環境のセンシングへ

　21世紀にメディアアートはより多様化し，人々の参加に開かれたものとなる。参加者がコンテンツを創り共有できるオンライン・プラットフォー

ムや携帯端末で移動しながら体験できるインタラクティブ・プロジェクト
などである。ラップトップのライブでは，映像や音のリアルタイム生成ソ
フトが新たな表現を生み出し，DIYシーンではソフトとハードを接続し
たコミュニティやイベントが幅広い層へと拡張，2000年代後半にはバイ
オアートもDIYの領域へと拡張していく。インターネットの側から実空間
を解釈するポストインターネットや拡張現実(AR)の作品も登場する。

　そのような多様化へ向かうメディアアートを予測した作品といえるの
が，キヤノン・アートラボでの最後の作品となったカールステン・ニコラ
イ＋マルコ・ペリハンによるインタラクティブ・インスタレーション《polar》
(アートラボ第10回企画展，2000) である。旧東側諸国出身の二人 (現：ド
イツ，スロベニア)による本作は，A．タルコフスキーの映画『惑星ソラリス』
(ソ連，1972／原作はポーランドのS．レムによる1962年の同名のSF)の人の記
憶を物質化する「ソラリスの海」を起点に，体験者の行動によって生み
出されたデータが最先端の情報解析システムを経由して空間内に微
細な光や音，振動として反映されるものである。作品は，空間に加え
てサーバー内で知的生命体のように成長しつづけるデータそのものと
いえる。

　2000年前後には「デジタル・コモンズ(共有物)」という概念やクリエイ
ターが自作の創造物の使用や改変方法を指定した上で公開する「クリ
エイティブ・コモンズ (CC)」が広がり始める。それと並行してデジタル
上の著作権管理が政府や企業により強化されていく。

　データの管理や監視は実空間でも進行し，1990年代末から大都市
を筆頭にCCTV (ネットワーク型監視カメラ) の設置がなされていたが，
2001年9月11日の米国同時多発テロ事件を契機に世界的に監視が
加速した。その状況を危惧し，アーティストや活動家により多くの作品

[図2-2]ニコライ, C＋ペリハン, M《polar》(2000)

やプロジェクトが生み出されている。

　その一つがオンラインプロジェクト「Kingdom of Piracy」(シュー・リー・チェン, アルミン・メドッシュ, 筆者の共同キュレーション, 2002 - 2006) である。デジタル・コモンズの可能性を「パイラシー (海賊行為)」とユーモアとともに挑発的に読み替え, データの共有による創造的介入を世界各地のアーティストやハッカーによる新作として提示した (台湾で開始後, 世界中の六都市でプロジェクトを追加しながら展開)。

　公共空間でのインタラクティブ・プロジェクトの一つに, 共同キュレーターとして関わったラファエル・ロサノ＝ヘメルの《アモーダル・サスペンション──飛び交う光のメッセージ》(山口情報芸術センター開館記念プロジェクト, 2003) がある。携帯電話やパソコンからのショートメッセージが, センターの周囲に設置された20基のサーチライトの光の強弱へと変換され, 世界中の人々がその光をメッセージに変換して読むことが

［図2-3］ロサノ＝ヘメル, R《アモーダル・サスペンション——飛び交う光のメッセージ》（2003）

できる。このプラットフォームを自分なりに活用することも可能である。夕暮れから夜明けまで3週間にわたり光が点滅をつづけたこのプロジェクトは，現地や遠方，遠隔的などさまざまなかたちでの受容や参加に開かれただけでなく，高速化を志向する技術に対してコミュニケーションの創造的可能性を体感させた。

　移動するバスとともに各地，路上，インターネットでアクセス可能なプロジェクトとして企画監修したものに「MobLab：日独メディア・キャンプ2005」がある。モバイル技術を装備したバスに日独のアーティストが乗車し，移動しながらプロジェクトを進めるとともにコラボレーションを展開していく。バスの位置やブログの公開，メディアセンターなど各地のホストと展開された展示やイベント，ワークショップの度に変化しつづけたバスの外装を含め，多面性をもつことで誰もすべてを把握することができないのが本プロジェクトの特徴である。終了後，会期中に

生成・制作されたGPS，画像，テキスト，音，プログラムが「オープン
データ」としてクリエイティブ・コモンズで公開された。

長期展示「ミッションG：地球を知覚せよ！」（NTT　ICC, 2009 –
2010）では，2000年代後半になり，世界各地で個人が環境センサーを
設置しデータを公開し始めた状況を，ボトムアップを基盤とした新たな
地球観へと向かう可能性と捉えたものである。会場は，来場者によって
ではなく，会場外や世界各地からフィードされる環境データに応じて
変化をつづけた。

4 　　　2010 年代：人間を超えたまなざしの提示

2010年には，《polar》の10年後の新たな展開が，同じアーティスト
（カールステン・ニコライ＋マルコ・ペリハン）とキュレーター（阿部一直＋筆者）
によって《polar m［mirrored］》として実現する（山口情報芸術センター）。
自然放射線（宇宙線に加えて空間内の御影石や来場者から発される）をリアル
タイムで検知し光や音に変換することで，人間の知覚を超えた世界を
体感させるインスタレーションは，終了の翌月に起きた東日本大震災
（3．11）の福島第一原子力発電所事故以後の放射線への注目を奇し
くも予言するようなタイミングとなった。

同年秋，三上晴子は《欲望のコード》（山口情報芸術センター, 2011）
において，人々の挙動がデジタル・ネットワークを介して監視され欲望
が増幅されるフィードバックを壮大なインスタレーションとして発表した。
空間に入ると，壁面にグリッド状に設置されたセンサー付きの「触覚」
が，来場者に向けてそれらを一斉に向ける。進むとビデオカメラとプロ

ジェクターを搭載した6基のロボットアームが来場者を撮影し，映像を床にリアルタイムで投影する。奥の壁には円形の複眼のような映像があり，会場内や世界各地のウェブカムの映像を蓄積しつづけ新たな組み合わせを表示し続ける。空間全体が一つの監視システムであり，背後に複雑なアルゴリズムが稼働する本作は，体験者にその不気味さを体感させた。

　三上は《モレキュラー　インフォマティクス――視線のモルフォロジー》（1996）以来，聴覚，重力など非物質的な環境の知覚化に取り組んできたが，その延長として本作では，グローバルに張り巡らされた監視とケアが，一見相反的に見えながら密接に関係する構造が露わにされている。

　情報フローの可視・可聴化という筆者のテーマは，3．11以降，科学・技術も含んだ日本の近代化への問いへと至り，この国の成り立ちを地層や生態系，そこで育まれた人々の精神や文化，歴史を取り込みながら発展していった。札幌国際芸術祭（SIAF）2014での企画展「センシング・ストリームズ」においては，明治時代以降の開拓で失われた水脈を想像し，会場である地下歩行空間を行き交う人々や電磁波の流れをセンシングし可視化する作品群で構成した。菅野創＋やんツー《セミセンスレス・ドローイング・モジュールズ（SSDM）》は，日々多くの人々が行き交う歩行空間に20mの壁面を設置，そこに吊られた色ペン付きのモジュールが，環境データに応じてリアルタイムで動くことでドローイングを描き続ける作品である。坂本龍一＋真鍋大度《センシング・ストリームズ―不可視，不可聴》は，複数の公共空間の電磁波を体験者が選択して可視・可聴化できるもので，作品名は企画展タイトルにちなんでいる。

[**図2-4**] 坂本龍一＋真鍋大度《センシング・ストリームズ—不可視，不可聴》(2014)

　2010年代には，最新機材を導入したプロジェクション・マッピングや没入型のメディアアートが各地で注目され始めた。「メディアアート」の普及に従い，新たな知覚や身体性の探求や社会への批評ではなく，産業やエンタテインメントと結びつくものとしてマスイメージが定着していく。

　メディアアートはとりわけ2010年以降，ロボット工学やAI，VRなどSFを凌駕するほど進展を遂げた科学・技術の動向を反映し，きわめて多様な表現へと拡張していった。中でもバイオアートは，合成生物学の発展を背景に研究機関やDIYコミュニティを含む大きなシーンを形成しているが，遺伝子組換えや人工細胞作成など生命倫理と抵触する側面も含むため，一般に向けたよりオープンな議論が必要となっている。

　バイオに加えてAIを使ったアートは，コードや生命体，知性体として

[図2-5] 岩崎秀雄＋metaPhorest《aPrayer：まだ見ぬ　つくられし
ものたちの慰霊》(2016)

　の人間自体が対象となるだけでなく，人間と他の生命体（自然であれ人
工であれ）や非生命との境界領域という未知の深淵を見せている。そ
れはまた，人間によって生み出された「アート」というものの存在意義を
根底から問いかけるものといえる。
　バイオアートにおいてかつてない問題を提示したプロジェクトとして，
生命科学者でバイオアーティストの岩崎秀雄＋metaPhorestの
《aPrayer：まだ見ぬ つくられしものたちの慰霊》（茨城県北芸術祭2016）
がある。実験動物慰霊など科学においても主観的な慣習が根づく日
本において人工細胞・人工生命や発酵微生物が慰霊に値するかを問
いかけるもので，科学者や発酵業者（常陸太田市）へのインタビューを
含むリサーチの過程で，地元産の石で慰霊碑が設置されるに至った。
このプロジェクトは，生命科学の最先端で私たちが直面している生命
の位置づけを哲学・倫理的に問いかけている。

　岩崎は明治大学情報コミュニケーション学部ジェンダーセンター開設10周年記念シンポジウム (2019) に登壇したが, もう一人アーティストとして登壇したのがシュー・リー・チェンである。《3 x 3 x 6》(ヴェネチア・ビエンナーレ台湾代表作品, 2019, キュレーター：ポール・B・プレシアード)では, 収監の歴史とともに現代社会に偏在し強化が進むデジタル監視の問題がメディアアートのインスタレーションとして展開された。

　作品は, 性的嗜好を理由に収監された実在の10名の人物 (サド, バタイユから現代まで) から仮想的に制作された人物の映像が床上の10台のディスプレイで出力される空間と, 円形状に設置された縦長のスクリーンに中央のプロジェクターから各人物が等身大で現れるインスタレーションで構成されている。後者では, 入り口の監視カメラで撮影された来場者やオリジナルのアプリケーションを介し自らのダンスをアップロードした人々のデータがアルゴリズムにより処理され, 映像に時た

ま挿入される。見る側が見られる側になり，自己表現と監視が表裏一体であることがここでは示唆されている。

メディアアートは科学・技術に対して領域横断的な介入をしつづけてきた。科学・技術の進展が，人類史的に大きな転換点を指し示していることがその背景にある。私たちは，生命科学，AI，VR，ロボット工学，宇宙科学を筆頭に，従来の「人間」「知能」「生命」「リアリティ」などの定義自体が問い直される事態に直面している。それはまた，デジタルによる監視・管理が私たちの身体や生命，意識にまで及んでいることを意味する。

さらにGAFA（Google, Apple, Facebook, Amazon）に代表される米国を中心にした企業への依存がある。日々の行動からAIが次の行動を予測・管理し，「つながり」や「ケア」の名の下で監視が強化されていく中，「生政治」（アガンベン）や「自己への配慮」（フーコー）という問題系が新たなかたちで浮上している。

5　　　2020年代：ポストパンデミックの世界

科学・技術がもたらした諸問題を境界領域的な視座から検討・可視化するメディアアートの役割は，ポストパンデミックの時代においてより重要になっている。

2010年代半ば頃から世界各地で深刻となっていた諸問題……気候変動，社会格差（ジェンダー，セクシュアリティ，人種，経済など）がより鮮明に露呈し始めた。前者は人間中心主義の世界観を見直す「人新世」と関わるが，ウイルスの登場や進化と向き合う中，人間と非人間との

非対称性を再考していくことがますます求められつつある。

　社会においてはワクチンパスポート発行の動きなど，衛生管理の徹底化とともに，摂取格差の増大や個人データの監視・管理への動きなどがバイオキャピタルの邁進とともに進行しつつある。デジタルとバイオは今や技術的にも経済的に緊密な関係にある。

　2001年の「Kingdom of Piracy」から19年，デジタルとバイオデータが互換的に扱えるようになった時代に同じ台湾で開催したのが「Forking PiraGene」（シュー・リー・チェンと共同キュレーション，2020）。タイトルは，当時オーレリウス・タン（現：台湾のデジタル発展部初代部長オードリー・タン）とイリヤ・エリック・リーという若手ハッカーが提案した二つの企画の一つで遺伝子ハッキングを扱った「PiraGene」を起点にそれを「Forkする（派生させる）」ことを意味し，五組のアーティストやプログラマーの新作で構成された。

　コロナ禍の状況も相まって，デジタルとバイオデータの監視・管理の問題，渡航できないアーティスト自身の遺伝子データの短波を介した会場への転送，南シナ海をめぐる社会・政治・経済・環境的問題，免疫格差をめぐるディストピア都市，デジタルID管理の問題などの展示に加え，オンライン・プロジェクトが披露された。オードリー・タンと筆者によるトークでは，2001年当時と現在におけるデジタルやバイオ監視の問題，共同創造の可能性について検討した。

　筆者は「オープン・アート＆サイエンス」を提唱しているが，現在アートや科学・技術で直面している問題系を広く一般の人々に開き，ともに考えていくことが重要になっている。科学・技術の急速な進展の中，倫理・哲学的な問題が置き去りにされがちであり，現在に生きる私たちが人間や人間以外，地球環境問題や未来に生まれる存在も念頭に

検討していく必要があるだろう。

　メディアアートの過去・現在・未来は，現在において日常と密接に接続され，また身体や精神，そして生命や人生，医療や福祉へとデジタルを介してつながっている。人間だけではない，人間以外の存在とのコミュニケーション……ユクスキュルの「環世界」（1920年代），つまりそれぞれの存在がそれぞれの知覚を持ち，関係しながら一つの動的な生態系を織りなす世界観がデジタルを得た現在注目されている。

　絡み合う諸存在，そして生と死，ミクロとマクロ，デジタルとバイオ……。メディアアートは，ますます宇宙や地球という連綿とした時間や空間へ，そして人間や人間以外の存在の内部へと分け入りながら，未来の社会を創造的に探求する場となるだろう。そしてそれは，現在を生きる私たち一人ひとりの参加に委ねられている。

引用・参考一覧

古橋悌二（1994）《LOVERS》［メディア・インスタレーション］．アートラボ第四回企画展。於東京，ヒルサイドプラザ，キヤノン株式会社アートラボ〈https://www.youtube.com/watch?v=MxZUg0UfEXk（最終確認日：2021年10月19日）〉

ニコライ，C＋ペリハン，M（2000）《polar》［メディアインスタレーション］。東京，ヒルサイドプラザ，キヤノン株式会社アートラボ

ロサノ＝ヘメル，R（2003）《アモーダル・サスペンション──飛び交う光のメッセージ》［インスタレーション］．山口，山口情報芸術センター〈https://www.ycam.jp/archive/works/amodal-suspension/（最終確認日：2021年10月19日）〉

坂本龍一＋真鍋大度（2014）《センシング・ストリームズ──不可視，不可聴》［メディアインスタレーション］．札幌，札幌国際芸術祭2014

岩崎秀雄＋metaPhorest（2016）《aPrayer：まだ見ぬ　つくられしものたちの慰霊》［インスタレーション＆映像］．茨城，茨城県北芸術祭2016〈https://www.youtube.com/watch?v=TxXl19S_ono（最終確認日：2021年10月19日）〉

デジタルテクノロジーとジェンダー
——ソーシャルメディア，データ，人工知能をめぐる権力論に向けて

田中洋美

1 　　はじめに——デジタル化する社会

　近年デジタルテクノロジー[1] は私たちの日常生活や社会を大きく変えた。ソーシャル・メディア・プラットフォーム，ビッグデータ，オートメーション，人工知能（AI），IoTといったテクノロジーはいずれも今世紀に入ってから急速に利用が進んだものである。世界的に深刻な打撃を与えた昨今のコロナ禍でも，対面での接触が制限される中，デジタルテクノロジーの利用は拡大し，関連企業には'成長'をもたらした[2]。

　「デジタルなるもの(the digital)」と無関係に生きることはもはや不可能にさえみえるが，そもそもデジタル化とはアナログ信号をコンピュータなどの電子機器で読み取り可能な電子的（デジタル）な形に転換することを指す。社会の様々な領域にデジタルテクノロジーが広がり，従来の個人や組織，コミュニケーションのあり方が変化したことで，コンピュータ等各種機器の進化に留まらず社会・文化変容にまで言及するようになった

脚注

(1)――― 本稿では，次のような意味でデジタルテクノロジーという言葉を用いる。すなわち19世紀に発明された電信機などの電気・電子技術ではなく，インターネットや人工知能といった20世紀後半から現在にかけての第3次・第4次産業革命と結びつけられる歴史的にみて比較的新しい技術に焦点をあてる。なお，本稿は2020年から2021年にかけて執筆した。

(2)――― 新型コロナウィルス感染症が世界的に拡大し，その収束が見えない中，テック企業は売り上げや利益を大きく伸ばしている。例えばGoogleの持ち株会社Alphabet Inc. の2021年第2・4半期の売上高，利益は共に過去最高となった（ロイター，2021）。自宅で過ごす時間が増えたことでGoogle検索の利用やYouTube視聴が増えたことで，Googleの広告事業の売上高は20パーセント程も拡大したという(同上)。

(Quet & Al Dahdah, 2020)。

　現代社会の成り立ちに関心のある者ならば，この新たな社会過程がいかなる特徴を持つのか気になるところであろう。そしてジェンダーに関心のある者ならば，この「デジタルなるもの」をめぐる権力関係の様相を問わずにいられないはずである。

　以下では，先行研究を参照しながらソーシャルメディア，データ，人工知能を中心にデジタルテクノロジーをめぐる権力関係についてジェンダーの視点[3]から検討する。そして現代デジタル社会においてジェンダーをはじめとする批判的な視座がいかに必要不可欠なものとなっているのか明らかにしたい。

2　　　ソーシャルメディアの「光」と「闇」

　デジタルテクノロジーとジェンダーについて最も身近な例はソーシャルメディアかもしれない。日常生活において身近なメディアとなったソーシャル・ネットワーキング・サービス(以下SNS)を使った新たな世論形成の動きにおいてジェンダーに関する言説が注目を集め，一定の影響力を持つようになっているからである。特に2017年，アメリカで起き，瞬く間に世界各地に広がった#MeToo運動が知られる。スマートフォンなどのデジタル機器ならびにFacebook（2004年設立，現MetaPlatforms Inc.）

脚注
(3)——— ジェンダー概念やジェンダーの視点，それによる分析については，田中・高馬
　　　　(2020)第一節，田中(2022)参照。

やTwitter（2006年設立）をはじめとするSNSの急速な普及あってのものであることは言うまでもない。

　SNSは無料で利用できるものが多く、利用者数は膨大である[4]。利用に当たっては自らのプロフィールを作成し、公開する。知人であれ見ず知らずの人であれ、他のユーザーと繋がり、また他のユーザーの繋がりから新たな繋がりを作ることもできる（boyd & Ellison, 2008）。コンテンツの相互閲覧、メッセージの交換、通話等、様々な機能があるが、ユーザー同士のテクストや画像、動画等、自ら生成したコンテンツの共有が基本である。この共有により、しばしば特定のテーマに関する投稿が感染的に増加する。こうした'感染'を媒介する役割を果たしてきたものにハッシュタグ[5]がある。#MeTooの例にも明らかなように、同じハッシュタグを用いることで利用者の間には一種の連帯が生まれる。これを利用したネットでの運動を「ハッシュタグ・アクティヴィズム」（Jackson et al., 2020）、フェミニズムの場合は「ハッシュタグ・フェミニズム」（Khoja-Moolji, 2015; Mendes et al., 2019）と呼ぶ。

　アメリカで始まった#MeTooは国境を越えて伝播したが、各地での土着化の過程は一様ではない[6]。日本ではアメリカと異なり有名人が

脚注

(4)———— 2021年1月現在、42億人であり、全世界人口の53パーセントを占める（Kemp, 2021: 79）。

(5)———— ハッシュ（#）記号の後にフレーズをつけたもの。同じものを含む投稿はタグづけされる。2007年、Twitter（当時）のクリス・メッシーナによって導入された。

(6)———— コミュニケーション研究の学術雑誌*Interactions: Studies in Communication Culture*が2019年に#MeToo運動の特集を組んでいる（Vol. 10, Issue No. 3）。この号に収められている9カ国の事例研究からもその多様性の一端を窺い知ることができる。

訴え出ることはなかったものの，報道・ジャーナリズム分野での性差別が大きな社会問題となった。特に二つの事件が重要である。ジャーナリストの伊藤詩織氏が告発した元テレビプロデューサーの男性による性暴力事件（伊藤，2017）と元財務事務次官によるテレビ朝日記者の女性に対するセクハラ事件である（週刊新潮，2018）。どちらも主要メディアを含め，広く報じられた。報道・ジャーナリズムの現場で働く人々の間で女性差別や性暴力の問題を考える機運が高まったことも重要である[7]。こうした動きは，女性にだけハイヒールの着用を強要する服装規範の変革を目指した#KuToo（石川，2019）など，他分野にも広がった。

　このようにソーシャルメディアがフェミニズム的な言説形成において重要な役割を果たすようになったのは間違いない。従来メディアの作り手・メッセージの送り手になり得なかった女性やマイノリティが情報発信し，「言説的な力」（Chen et al., 2018）を獲得し，世論に影響を与えるようになったのだ。身近な人にさえ打ち明けられない私的な問題を訴

脚注

(7)――― 2018年4月23日に開催された「セクハラ被害者バッシングを許さない4.23緊急院内集会」では，#MeToo, #WeToo, #もう終わりにしよう, #WithYouといったハッシュタグを掲げ，新聞記者などマスメディアで働く人々も多数参加する中で，業界でのセクシュアル・ハラスメントについて議論した。この集会には新聞労連や民放労連が発した声明や抗議文も配布された。その後，マスコミ・セクハラ白書（WiMN, 2020）を刊行したり，関連テーマでのシンポジウムの開催など，業界で働く人々自ら積極的に活動するようになっている。またメディアで自らの経験を語り，広く共有する動きもある（例えば，『週刊金曜日』2020年2月14日・1268号の対談記事「現役女性記者たちが自ら語ったメディア界の事実」，23-25頁，同2021年3月19日・1321号の座談会記事「ジェンダー平等をメディア各社の社是に」，14-17頁）。

える「デジタルで親密な公共圏」（Dobson et al., 2018）とでも呼ぶべき新たなコミュニケーション空間が立ち現れたともいえよう。

ソーシャルメディアを使ったフェミニズムはデジタル・フェミニズムと呼ばれ，第四波フェミニズムの特徴の一つとされる（北村, 2014; Rivers, 2017）。#MeTooのような運動だけではない。様々な社会規範ゆえに自分らしさを抑え込みがちな若い女性や性的マイノリティもまた「声」を獲得し，他者と繋がり，自己表現のために発信している（Dobson, 2015; Berliner, 2018）。伝統的な女性性や異性愛規範への抵抗もみられることから世論形成とはまた別のエンパワーメントの可能性を見出すことができる。

他方で，この新たな媒体については問題もある。

第一に，伝統的な男性性，女性性が再生産されている（Steeves, 2015）。個人が使うSNSでは伝統的なメディア表象にとらわれない自由なメディア実践が可能なはずであるが，実際には従来の表象パターンに基づく固定的なイメージの方が再生産されているという調査結果もある（Doering et al., 2016）。

第二に，様々な暴力が助長されている。女性や同性愛者であることなど個人の性別や性的指向ゆえに行われるコメントや画像送信による嫌がらせ，サイバーストーキング，性的な画像の共有に基づく性的搾取，同意のない性的経験の強要，そのための脅しや強請りなどがあり深刻な問題となっている（Henry & Powell, [2016] 2018）。

第三に，運動ツールとしての難しさがある。瞬時に多数に向けて発信でき，周知を図る上で便利であるが，人員や時間など運動の資源をある程度投入し，定期的に投稿する必要がある。仮にそうしたとしても誹謗中傷のリスクが伴う。運動する側にとっては「諸刃の剣」（Edward et al., 2019)なのだ。

　そして第四に，情動の政治に巻き込まれる／加担するリスクである。SNSではしばしば怒り，憎しみ，嫌悪といった強い否定的な感情によって人々が結びつく。対面では憚れるような誹謗中傷の類いが生まれやすい空間でフェミニズム的な主張をすることは，ミソジニーやホモフォビアといった激しい敵対感情と対峙するリスクを引き受けることでもある（Boyle & Rathnayake, 2019; Gamez-Guadix & Incera, 2021; 小林, 2021）。同時に他ならぬフェミニズム内部で還元主義的な言説や排他的・差別的な言説が生成されることもある(Khoja-Moolji, 2015; 堀, 2019)。

　いずれも深刻な問題であるが，では，これらの問題が解決すればソーシャルメディアに問題はないのだろうか。事はそう単純ではない。ソーシャルメディアを含め，デジタルテクノロジーは現在，不均衡な権力関係によって特徴づけられているのだ。

3　　　データをめぐる新たな主体の生成

　ジェンダーの研究は性に関する差異が権力関係において生成されることを明らかにしてきたが，そのような「眼」で現在のデジタルな社会過程を眺めたとき，特定の勢力に資源や富，影響力が集中している様を否応なく目にすることになる。

　2000年代に起業されたテック企業，特にSNSや検索エンジン等のオンラインプラットフォームを軸とするビジネス展開で影響力を増した企業の台頭は無視できない。GAFA（Google, Apple, Facebook, Amazon）をはじめとするテック企業の影響は単なるビジネスに留まるものではない。

膨大な収益は富の集中や格差の拡大をもたらしており[8]，また以下に
みるように政治や人間のあり方への深刻な影響もある。

　前節では，ソーシャルメディアが新たな世論形成を可能とした一方
で情動の政治が展開されるようになったことを述べた。SNSのユーザー
が怒り等の否定的感情を知り，断片化された，あるいは偽の情報に晒
されながら同様の感情を持つ他者と繋がる。強い帰属意識と連帯意
識を持つに至るわけである。そこでは「真実よりも感情，客観性よりも
先入観，妥協よりも（自らの）部族が優先される」（バートレット，2020: 93）。
フェミニズムに対するバックラッシュやミソジニーもまたこのような文脈
で発生しているのであり，ソーシャルメディアを積極的に使うことは，こ
のような'部族政治'に参入することでもある。部族政治のコミュニケー
ションは，民主主義が想定してきた主体的で倫理的判断ができる市
民，そのような市民の間の妥協に基づく意思決定，それを前提とする
対話ではない（バートレット，2020）。対立する部族が一度生まれると，部
族間の差異は強調され，分断は容易に深まる。

　SNSでの誹謗中傷やヘイト発言は昨今社会問題になっており，SNS
事業者は投稿の削除や投稿者への警告，アカウントの凍結等，一定

脚注

(8)――――紙面の都合もあり割愛するが，本稿で論じるデジタルテクノロジーにまつわる社
　　　　会文化的な不平等や権力関係は，所得格差の拡大，中間層の崩壊，二極化と
　　　　いった近年の経済変動とも関係している。例えば，アメリカの主要テック企業は
　　　　多くの労働者（特に女性）を非正規かつ低賃金で雇用している。人工知能の学
　　　　習用データ作成のためのラベル付け業務など外からは見えにくく把握されにくい
　　　　が，階層構造の変化に影響を与えている可能性がある。例えば，Gray & Suri
　　　　(2019)参照。

の措置を取るようになった。だが，小手先の対応に留まっている。どれほどの人権侵害があったとしても，どれほど危機的な状況に民主主義が陥ったとしても[9]，利用者を減らすような措置には事業者側は消極的だろうし，それが利益をもたらすビジネスモデルである以上，事業者側の自助努力に期待することには限界があろう[10]。

　だが，SNSの多くは無料である。無料でサービスを提供することで企業側は何を手にしているのか。ユーザーについての情報である。性別，年齢等の属性に関する個人情報からSNS上での行動履歴[11]に至るまで，ユーザーに関する様々な情報を集めるのは，それが価値あるデータに変換可能だからである。今日そのデータはユーザーの心理・行動に働きかけるために使われることが当たり前となっている。特にターゲット広告に使われ，SNSプラットフォームを運営する企業に多くの

脚注

(9)——— ソーシャルメディアと民主主義の危機について考える上で忘れてはならない事件に，ケンブリッジ・アナリティカ（CA）社をめぐる一連の選挙介入がある。フェイスブック（以下FB）のユーザー最大8700人の個人データがイギリスの選挙コンサルティング会社であるCA社に渡り，世界67カ国の選挙で特定の陣営にとって有利な結果とすべく選挙戦略に用いられていたのだ。そのデータは，有権者の投票行動に影響を与えるために心理学や行動科学の知見を使って利用された。カイザー（2019），ワイリー（2020）参照。

(10)——— 2021年現在，日本ではSNSでの誹謗中傷について名誉毀損として法的に訴えることはできる。裁判で名誉毀損が認められれば，加害者は賠償請求に応じなければならないが，事業者側の責任は問われぬままである。

(11)——— 他のユーザーとの繋がり，会話やメッセージの内容だけでなく，GPS機能やCookiesを使ったトラッキングにより得られる情報もある。地図サービスでの訪問場所，訪問したうウェブサイト，「いいね」ボタンのクリックによる感情に関する情報などが収集可能となっている。

広告収入をもたらしている。

　こうしたビジネスモデルにおいて，ユーザーと事業者の間の関係は非対称である。このことにまつわる問題に警鐘を鳴らす論客の一人にジャロン・ラニアーがいる。仮想現実（VR）に関する研究に早くから関わり，1980年代に初めてVRを商品化したVL Research社の創業者である。デジタルテクノロジーの専門家でありながら，自身はSNSのアカウントを一つも持っていないばかりか，その削除を提唱している（ラニアー，2019）。ラニアーが批判するのは，特定の企業というよりはそれを含むより大きなシステム，すなわちSNSユーザーとなった人々を搾取し，彼ら・彼女らの心理・行動を操作し，テック企業が（主として広告収入を通じて）膨大な利益を得るシステムである。

　この，ラニアーがBUMMER（Behavior of Users Modified, and Made into an Empire for Rent，「ユーザーの行動修正を売り物とし使用料をとって一大企業帝国を築くシステム」）（ラニアー，2019：47）と呼ぶシステムには次のような問題がある。注目を集めるために手段を選ばない「最低の人間」（ラニアー，2019：50）を生み出すこと，ドーパミンヒットを巧みに利用する形でユーザーを依存させること[12]，広告等特定のコンテンツの視聴をユーザーに押し付けること，ユーザーにフェイクだらけのコンテンツを生成・共有させること等である。またユーザーが提供するもの（情報）に対して対価が支払われないという問題もある。ユーザーは依存させられ，操作され，かつ経済的に搾取されているのだ（ラニアー，2019）。

脚注

(12)―――Facebookは人間心理の脆弱性を意図的に搾取し，依存性を高めてきた。ラニアー（2019: 18-30），Solon（2017）参照。

ソーシャルメディアを使っても幸せになれない，偽物の人々による偽物の社会ができるだけであるとラニアーは言う（ラニアー，2019）。問題解決の試みがまったくないわけではない。かつてBUMMER側にいた人物の中にはこの問題について発信する者もいる[13]。最近はデータの提供元である利用者にいくぶんかの利益を還元する試みもある。だが，BUMMERは企業の枠を超えて蔓延しつつあるシステムであり，企業の自助努力に期待するだけでは限界がある[14]。したがって，ラニアー（2019）も言うように現状ベストな解決策はSNSを利用しないこととなるが，このシステムの中で飼い慣らされた人々が依存から脱却するのは容易ではない。

このような新たな権力関係を歴史的な構造転換として捉える議論がある。ショシャナ・ズボフの監視資本主義論である。ズボフは，自らの聞き取り調査のデータも用いながら，従来の産業資本主義が監視資本主義と呼ぶべきものへと移行した様子を巧みに描き，近代や資本主義の新たな段階への移行，新たな情報文明の誕生という文脈で立ち現れている支配の形態を批判的に論じている（Zuboff, 2019＝2021）。

ズボフによれば，監視資本主義において人間の経験こそが原料（資源，労働対象）であり，それに満ち溢れた「土地」はサイバー空間である。先に述べたように人間の思考や感情といった個人の経験に関する情

脚注

(13)———例えば，Facebook初代CEOを勤めたショーン・パーカー，最近ではソフィー・チャンがいる。Solon (2017)，ラニアー(2019: 18-20)，Hao(2021c)参照。

(14)———Facebookについては，Frenkel & Kang(2021)参照。

報は，無料ないし極めて低コストで，かつ密かに奪略され，データとして収益性の高い用途に転用される。人間の心理・行動を予測するためのデータに変換され，余剰（商品）として売買されるのだ（Zuboff, 2019 =2021）。

このような「行動先物市場（behavioral futures markets）」（Zuboff, 2019= 2021）の起源はGoogleにある。ズボフによれば，かつてGoogleは自社の検索エンジンの性能向上のためにユーザーの行動データを利用していた。つまり元々はユーザーに利益を還元する目的で，自社内で使われていたのであるが，それが2000年代前半に変化したという。行動データに別の価値があることに気づき，行動データを使ったターゲット広告を通じた利益追求の姿勢にシフトしたのであり，このビジネスモデルがFacebook等の他のテック企業に広がるまでにそう時間はかからなかった[15]。

わずか20年足らずの間に確立したこの新たな経済秩序は不均衡な権力関係によって特徴づけられている。サービス提供企業が多数のユーザーから極めて低コストで入手した情報を基に膨大な利益を得る一方で，ユーザーにその利益がほとんど還元されていないことは繰り返し述べてきた。加えてユーザーは自分についてどのような情報がどのように収集され使われているのか知ることも，データやそこから得ら

脚注

(15)——— ズボフによれば，Googleが行動データの価値に気づいたのは2002年頃である。もともとGoogle社内には広告に対する否定的態度があったが，ITバブル崩壊という危機的状況もあり，広告ビジネスを積極的に展開する方向に舵を切ったのだという（Zuboff, 2019=2021）。

れる知識にアクセスすることも，一連のデータ生成・利用に関与することもできない（Zuboff, 2019=2021）。このような一方的な搾取と監視は人間の存在意義にとって何を意味するのだろうか。一見，個人が各種デジタルサービスを自発的に選び，自分にとっての便利さや楽しさのために利用しているようにみえるが，実はそれがこの支配形態にとって都合の良い形での主体形成でしかないとしたらどうだろう。

　このような支配が自然発生的なものではないことを我々は気に留めておく必要がある。GoogleやFacebookなどの企業は，ロビー活動をはじめ様々な手段を通じて意図的に監視資本主義のフロンティアたるサイバー空間を規制から遠ざけ，また自分たちにとって都合の良い経営を行うために複数議決権を持つ株式や議決権のない株式を導入し，自社経営への株主の影響力を弱めてきたのだ（Zuboff, 2019=2021）。個々のユーザーにとっては，好きなように利用でき，便利さや享楽，自由や新たな可能性を与えてくれるように感じられたとしても，実はそれが人間支配の新たな形態の構成要素だとしたらどうか。この問題に無自覚なままデジタルテクノロジーの可能性だけに目を向けることはできないと筆者は考える。

4　　デジタルテクノロジーと差異の再生産——人工知能の場合

　2010年代以降，デジタルテクノロジーの最先端として注目されてきたものに人工知能(AI)[16]がある。人工知能研究は，1950年代に始まり，以後，二度のブーム（1950年代〜1960年代，1980年代〜1990年代前半）を経て，2000年代以降は第三次AIブームだとされる。機械学習（ML），

とりわけ2006年に提唱された深層学習（ディープラーニング）が「冬の時代」（1990年代後半〜2000年代）に風穴を開けたという（松尾，2020: 450-451）。

　第三次AIブームの背景には，1990年代から2000年代にかけてのインターネット関連技術の発展がある。IoTなどの新たな技術はビッグデータの誕生に貢献したが，コンピュータの処理能力が大幅に向上したことで人類史上かつてない規模・スピードでデータを収集・加工・蓄積・分析することが可能となったのだ。特に深層学習[17]では，人間の脳の神経回路を模した数式モデルを使ったアルゴリズムに訓練データを投入すると何らかの判定が「知」として出力される。まさに機械が考える時代が到来したかのようである。

　このような人工知能については，医療や産業，ゲーム（Alpha Go等）への利用など，その新たな技術的可能性，様々な領域への応用可能性，あるいは機械が人間の知能を超えるシンギュラリティ（技術的特異

脚注

(16)―――AIの定義には，「知的な機械，特に，知的なコンピュータプログラムを作る科学と技術」（McCarthy 2007; 日本語訳は人工知能学会ホームページ，https://www.ai-gakkai.or.jp/whatsai/AIwhats.html参照），「人間の基準に照らして知的とみなされる能力を持った機械とみなされる科学と工学」（Jansen, et al., 2018: 5），「技術的手段によって表現され，シミュレートされる知能」（クーケルバーグ，2020: 1）等，様々なものがある。本稿では，日本語，英語でアクセスできる研究や報道が一定数存在するアメリカの事例を主に取り上げるが，現在，人工知能の分野をリードする企業には，アメリカのGAFAや，Microsoft, IBMの他，中国のアリババ，テンセント，バイドゥ（百度）がある。近年中国は人工知能研究においてアメリカに追いつき，また追い越しつつある（日本経済新聞，2021）。人工知能を使った監視や統制を推し進めており，その動向を注視する必要がある。

(17)―――4層以上の深いニューラルネットワークを作る技術のことである。深層学習の発展の経緯や技術的特徴については，松尾（2020）参照。

点），技術的失業などが注目を集めてきた（カーツワイル，2016；中川・河島，2020；台場，2016；野村，2016；バラット，2015；ダベンポート＆カービー，2016；シャナハン，2016）。近年は「AIガバナンス」（産業通産省，2021；江間・城山，2020)や「AI倫理」の議論も活発になっている（クーケルバーグ，2020；河島，2020；西垣・河島，2019；福島，2021；江間，2020）。背景には「ネットワーク化された差別（networked discrimination)」（Boyd et al., 2014: 56），すなわちデータやアルゴリズムにまつわるバイアスや差別の問題がある（オニール，2018）。

　2010年代半ば以降，人工知能先進国のアメリカでは各種調査・報告，報道等を通じて様々な問題が明るみになってきた。特にジェンダー，「人種」に関わるものが多い。例えば，Googleの検索エンジンや翻訳エンジン（Google Translate）で伝統的な性役割に基づく形で女性が‘抹消’されてきた[18]。MicrosoftのAIチャットボット「Tay」による性差別・人種差別発言も知られるが[19]，言語生成アルゴリズムだけでなく画像生成アルゴリズムにまつわる性差別も報告されている。例えば，男性の画像がスーツ姿などで生成される一方で，女性の場合，しばしば肌を露出した画像が生成されてしまうのだ[20]。

脚注

(18)————例えば，Google Translateでヨーロッパの言語を英語に翻訳する際に，女性の歴史家や医師は男性にされてしまうという欠陥が過去にあった（Kyser-Bril, 2020）。

(19)————2016年，Microsoftがツイッターで導入した若者向けAIチャットボット（Tay）は，ヒトラーを肯定したり，フェミニズムを誹謗する発言等によって，開始後わずか16時間で停止が決まった。Twitter上の発言を模倣してそのような‘学習’をしたという。The Guardian（2016）参照。

またアルゴリズムを使った判定ツールが女性や有色の人々にとって不利な結果をもたらす問題についても指摘されている。例えば人事採用ツールの利用が女性差別（Dastin, 2018）や障害者差別（Shellmann, 2021）に繋がったり，再犯リスク判定ツールによって黒人が不当に判定されるといった人種差別(Angwin et al., 2016)が問題となってきた[21]。

　画像認証については特にそうで，2015年，Googleのシステムで黒人女性がゴリラと認識されたことが明るみになって以来（例えばBarr, 2015），顔認証にまつわる性差別・人種差別が度々指摘されてきた。よく知られるのが，MITメディアラボの研究としてジョイ・ブラムウィニ[22]とティムニット・ゲブル[23] が行った「ジェンダー・シェード」（Gender

---

脚注

(20)——— いわゆる「ディープヌード」である。競争式生成ネットワーク（GAN）と呼ばれるアルゴリズムは実在しないイメージや実在する人物等の偽物のイメージを生み出すことができる。近年この技術を使ったデジタルアート作品などもあり，この技術自体には様々な可能性があると言えるが，この技術を使って偽物のヌード画像を作る動きがあり，社会問題となっている。2019年，画像の中の女性の衣服を脱がすアプリ「DeepNude」が物議を醸し，公開後すぐに利用停止となったが，以後もメッセージアプリ「Telegram」を使ったボット・サービス（画像を送るとヌード画像が返送される）等が報告されている。Hao(2020, 2021c)参照。

(21)——— アメリカで判事が用いていたプログラムでは，アフリカ系の被告の再犯リスクスコアが白人の被告のそれよりも不当に高く評価されていた。Angwin et al. (2016)参照。

(22)——— MITメディアラボに所属するコンピューター科学者。2016年，顔認証ツールがアフリカ系女性である自身の顔を認識できなかったことをきっかけに人工知能とバイアスの問題に取り組み始める。2016年に研究とアートを通じて人工知能の問題を啓発するアドヴォカシー団体「アルゴリズミック・ジャスティス・リーグ（Algorithmic Justice League）」を設立し，活動している（https://www.ajl.org/参照）。

Shades）の研究である。Microsoft, FACE++, IBMなど各社の顔認証プログラムの精度には性別や肌の色の濃さによって違いがあり，特に白人男性と肌の色の濃い女性の間での差が大きいことを突き止めたものである（Buolamwini & Gebru 2018; http://gendershades.org/）。顔認証については，トランスジェンダーやノンバイナリーの人々が排除される事例も見られる（Urbi, 2018; Scheuerman et al., 2019）。このような不確かな技術の利用は深刻な人権侵害をもたらす可能性があることから，近年一部の国・地域では警察等の捜査機関の利用を制限する動きがある[24]。

　ジェンダーに関する問題は他にもある。人間の身体的特徴を認識するために作られた画像認識ツールには，しばしばジェンダーや身体に関する社会規範が埋め込まれており，望ましいとされる身体像のみが認識されることがあるのだ。例えばCVPF（computer vision-based ponography filtering）と呼ばれるポルノ画像のフィルタリングソフトでは，痩身の女性の裸体のみがポルノと判定され，他の特徴を持つ女性身体，加えて男性やトランスジェンダーの身体は無視されていたという（Gehl et al., 2017）。これは，人間の身体的特徴を認識するために作られた画像認識ツールにジェンダーや身体に関する社会規範が埋め込まれていることを示す一つの例である。また近年は外見の美しさを判

脚注

(23)──── 注31参照。
(24)──── 特にイギリス（和気, 2020），ヨーロッパ連合（和気, 2021），アメリカ（小笠原, 2020）の動きが日本でも伝えられている。ただし，アメリカでは連邦機関において顔認証の利用が拡大しているとの報告もある（Harwell, 2021; GAO, 2021）。

断するために画像認証を利用する動きもある。例えば中国のメグヴィー社が開発した美しさ判定ツールやアメリカのウルタ・ビューティー社の肌分析ツール等であるが，これらのサービスでは白人的な美しさ（肌の色，目の大きさ等）や若さなど，社会的に形成された女性美の構成要素が判定基準になっている。そのため既存のジェンダー化された身体規範[25]を強化し，年齢差別や人種差別を助長しているとの批判がある（Ryan-Mosley, 2021）。

　これらの問題の原因には，人工知能の訓練用データに偏りがあることがある。白人，男性に偏っているだけではない。例えば，ImageNetのデータの45パーセント以上がアメリカ合衆国からきており，人口が多い中国及びインドのものは僅か3パーセントに過ぎない（Zou & Shiebinger, 2018: 325）[26]。では，訓練用データにより多様性をもたらすことで解決するのだろうか。それでも人工知能がどんな予測をするのか，その思考回路がわからないというブラックボックスの問題は残る。またアルゴリズムが完璧に分類できるようになったとしても，それが監視や統制になってしまっては元も子もない。顔認証用データには許諾なき収集・利用等の問題もある（van Noorden, 2020; Hao, 2021b）。

　以上のことからは，人工知能の研究や利用にあたっては慎重さが

脚注

(25)——— 痩身等の女性身体に関する規範は，それに基づく女性のメディア表象を通じて否定的な自己身体イメージ，過度なダイエットや摂食障害をもたらしており，顔認証を使った美しさ判定ツールも，こうした問題を助長する可能性がある。

(26)——— 他方で，中国で人工知能研究が急速に成長している要因の一つに人口が多いことがある。福田（2021）参照。

求められることがわかる。となると，人工知能に関わる企業，大学等の組織・機関等から成るいわゆる「人工知能コミュニティ」の取り組みが鍵となるが，ジェンダーやインターセクショナリティの視点からは手厳しい批判がなされている。2019年にニューヨーク大学を拠点とするAI Now研究所[27] が発表した報告書『差別するシステム——人工知能におけるジェンダー，人種，権力』では，関連企業や研究機関は本腰でバイアスや差別の問題に取り組んでおらず，それら組織やコミュニティ全体の権力構造を変えることの重要性が強調されている（West et al., 2019）。女性を増やす試みがあるという声があるかもしれない。しかしながら代表的なテック企業の女性比率のデータを見る限り，その効果は限定的にみえる[28]。現にそのような試みへの支出は微々たるものであり，しばしば白人女性を優遇するものとなっているとの指摘がある（West et al., 2019）。

　日本での議論はどうだろうか。人工知能学会(2020)は，2020年，そ

脚注

(27)——— 同所は，マイクロソフトリサーチの主席研究員で長年人工知能の問題に取り組んできたケイト・クロフォード（Crawford and Calo, 2016参照）らによって2017年に設立された。

(28)——— 例えば，グーグル社員の女性比率（全世界）は，33.7パーセント（2021年）である。2014年以降のデータ(stasitica.com)をみると，30パーセントから微増しているに過ぎない。管理職だと28.1パーセント(2021年)である。また世界経済フォーラムのジェンダー・ギャップ・レポート（2018年版）によれば，人工知能関連専門職の女性比率は22パーセントであった(World Economic Forum, 2018: 28)。日本でも工学系を含め，理系学生や研究者に女性が少ないことが知られる。人工知能学会の学会員の女性比率は6.8パーセントだという(伊藤・大澤・清田・坊農，2020：598)。

の学会誌で「ダイバーシティと人工知能研究コミュニティ」と題した特集を組んでいる[29]。掲載された記事を見ると，人工知能コミュニティにおける女性の少なさや育児との両立，無意識のジェンダーバイアス等が議論されている。他方でジェンダー研究の分野においては，国際ジェンダー学会 (2020) が2019年大会で「人工知能とジェンダー」と題するシンポジウムを開催している。シンポではやはり女性の少なさが主なテーマとなっていたが[30]，現場で働く当事者として日本IBMの村上明子氏が現場でのジェンダー意識の影響について触れていた（村上, 2020）。また先述の『人工知能学会誌』の特集では，筑波大学（当時）の大澤隆弘氏が人工知能研究コミュニティ内におけるマジョリティの圧力の問題を取り上げていた（大澤, 2020:614）。権力という言葉こそ使っていないが，マジョリティ中心のロジックやそれに基づく意思決定に関する重要な問題提起であった。AI Now研究所の報告書が重視する人工知能をめぐる社会的マイノリティの周縁化とそこにみられる権力関係の本格的な検討は今後の課題であるが，その問題意識はゼロでは

脚注

(29)──────同学会の倫理委員会は，2021年2月15日，「AI研究コミュニティのダイバーシティ＆インクルージョン」と題したシンポジウムを開催した（http://ai-elsi.org/archives/1124参照）。この特集に収められた記事の執筆者が複数名登壇しており，同様の報告をしていたこともあり，特集と比べて大きな違いはなかった。だが，このようなイベントが開催されたことは，同学会において多様性の問題を考える動きがあることを改めて示すものであった。

(30)──────翌年の学会誌には，大会シンポジウムには登壇しなかった横山 (2020) の論文も掲載されている。アルゴリズム差別の事例や技術的失業など自動化と雇用の関係等を論じており，学会内での人工知能に関する議論がより充実したものになったが，権力の問題については十分踏み込めていないままであった。

ないといえよう。

　なぜ権力の問題が重要なのか。それは，特定の集団がなぜ，どのように排除されるのか，そのメカニズムを問わずしてAI倫理が掲げる「公平さ」「説明責任」「透明性」（絵間，2020：96）の担保が難しいからである。権力を問う視点，それ自体は決して新しいものではない。ジェンダー研究をはじめとするクリティカルな人文社会科学研究では，20世紀から現在にかけて積極的に社会・文化分析に取り入れてきた。人工知能コミュニティも社会の一部である以上，この問題から自由であるはずはない[(31)]。だとするならば，この問題に真摯に向き合うことが求められるだろう。

5　　おわりに

　本稿では，社会のデジタル化という近年の一大社会変動についてソーシャルメディア，データ，人工知能の三つに関するジェンダーの，

脚注

(31)————一つの例として，Googleによるティムニット・ゲブル氏の解雇をめぐる一連の騒動を挙げておきたい。同社のAI倫理チームを率いていたゲブル氏（アフリカ系の女性で，AI倫理の第一人者）を一方的に解雇したことを発端とするもので，同社のシステムを批判する研究を論文で発表する際に上層部から介入があったことが報じられた。この件をめぐっては，ゲブル氏以外にも解雇された。抗議から自主的に退職した社員もおり，また抗議の署名活動には数千名のGoogle社員も加わったという。この事件は，人工知能分野をリードするGoogleのAI倫理の取り組みの姿勢や社内の意思決定をめぐる影響力行使のあり方を垣間見せたといえる。例えば，Simonite(2020a, 2020b)，中田(2021)参照。

そして様々な権力関係を論じた。現代デジタル社会は従来の社会を基盤に発展してきた。この発展の初期段階では，既存の問題が解決されるというよりむしろ助長されても仕方がないと思われるかもしれない。だが，デジタルテクノロジーの利用も含め，今後の社会のあり方を決定づけるのは人間である。放棄せず，多様な人間存在のあり方に注意を払い，そこにある問題により多くの人が気づくことが，現状とは別の未来を想像し創造する一つのきっかけになるだろう。

謝辞

本稿はJSPS科研費JP19K12616, JP21K12512およびJST戦略的創造研究事業JPMJRX19H6の助成を受けたものです。

引用・参考文献

飯野奈津子「事務次官 セクハラ疑惑が突きつけたこと」（2018）『時事公論』NHK解説アーカイブス，4月20日〈https://www.nhk.or.jp/kaisetsu-blog/100/295639.html（最終確認日：2021年8月8日）〉

石川優実（2019）『#KuToo（クートゥー）──靴から考える本気のフェミニズム』現代書館

伊藤詩織（2017）『Black Box』文藝春秋

伊藤貴之・大澤博隆・清田陽司・坊農真弓（2020）「特集『ダイバーシティとAI研究コミュニティ』にあたって」『人工知能』35(5), 598-601頁

WiMN（メディアで働く女性ネットワーク）［編著］（2020）『マスコミ・セクハラ白書』文藝春秋

江間有沙（2020）「なぜ今『AI倫理』の議論が必要なのか──ガバナンスの国際動向と今後の課題」MITテクノロジーレビュー編集部［編］『MITテクノロジーレビュー［日本版］』Vol.1/Autumn 2020, AI Issue, 角川書店, 94-101頁

小笠原みどり（2020）「大手IT企業が顔認証システム販売から手を引く理由　人種差別との深い関係」『The Asahi Shimbun GLOBE＋』7月31日〈https://globe.asahi.com/article/13578960（最終確認日：2021年8月8日）〉

オニール, C ／久保尚子 [訳]（2018）『あなたを支配し，社会を破壊する，AI・ビッグデータの罠』インターシフト（O'Neil, C. (2016). *Weapons of Math Destruction: How Big Data Increases Inequality and Threatens Democracy*. New York: Crown.）

大澤博隆(2020)「AI研究コミュニティの見せ方・つくり方」『人工知能』35(5)，613-617頁.

カーツワイル, R ／井上健監 [訳]（2016『シンギュラリティーは近い [エッセンス版] 人類が生命を超越するとき』NHK出版（Kurzweil, R. (2005). *The Singularity is Near*. New York: Viking.）

カイザー, B ／染田屋茂・道本美穂・小谷力・小金輝彦 [訳]（2019）『告発──フェイスブックを揺るがした巨大スキャンダル』ハーパーコリンズ・ジャパン（Kaiser, B. (2019). *Targeted: The Cambridge Analytica Whistleblower's Inside Story of How Big Data, Trump, and Facebook Broke Democracy and How It Can Happen Again*. New York: Harper.）

河島茂生(2020)『未来技術の倫理──人工知能・ロボット・サイボーグ』勁草書房

キーン, A ／中島由華 [訳]（2019）『ネット階級社会──GAFAが牛耳る新世界のルール』早川書房（Keen, A. (2015). *The Internet Is Not the Answer*. London: Atlantic Books.）

北村紗衣 (2020)「波を読む：第四波フェミニズムと大衆文化」『現代思想』48巻4号，48-56頁

クーケルバーグ, M ／直江清隆ほか[訳]（2020）『AIの倫理学』丸善出版(Coeckelbergh, M. (2020). *AI Ethics*. Boston: The MIT Press.)

小林明日香 (2021)「フェミニストへの『くそリプ』パターン研究──コロナ禍における岡村隆史発言への抗議署名活動に賛同した上野千鶴子によるツイートに対する『くそリプ』事例を手掛かりとして」『WAN女性学ジャーナル』2021年6月2日〈https://wan.or.jp/journal/details/16(最終確認日：2021年5月3日)〉

国際ジェンダー学会(2020)「特集 デジタル化はジェンダー平等に資するか」『国際ジェンダー学会誌』18

シャナハン, M ／ドミニク・チェン[訳]（2016）『シンギュラリティ──人工知能から超知能へ』NTT出版(Shanahan, M. (2015). *The Technological Singularity*. Boston: The MIT Press.)

週刊新潮(2018)「『森友危機』の折り折!ろくでもない『財務事務次官』のセクハラ音源」『週刊新潮』2018年4月19日号，24-28頁

人工知能学会(2020)「特集 人工知能コミュニティとダイバーシティ」『人工知能』35(5)

総務省(2016)『平成二八年版 情報通信白書──IoT・ビッグデータ・AI〜ネットワークとデータが創造する新たな価値』平成28年7月

田中洋美(2022)「差異から社会を読み解く──ジェンダー研究の視座」明治大学情報コミュニケーション学部編『情報コミュニケーション学への招待』ミネルヴァ書房，154-161頁

田中洋美・髙馬京子 (2020)「現代日本のメディアにおけるジェンダー表象──女性誌『an・an』における女性像の変遷」『明治大学人文科学研究所紀要』87，1-45頁

台場時生（2016）『人工知能が人類を超える——シンギュラリティー——その先にある未来』日本実業出版社

ダベンポート, T. H＆カービー, J／山田三明［訳］（2016）『AI時代の勝者と敗者——機械に奪われる仕事, 生き残る仕事』日経BP社（Davenport, T. H. & Kirby, J. (2016). *Only Humans Need Apply: Winners and Losers in the Age of Smart Machines.* New York: Harper Business.）

中川浩志・河島茂生（2020）「AI研究の過去と現在」稲葉振一郎・大屋雄裕・久木田水生・成原慧・福田雅樹・渡辺智暁［編］『人工知能と人間・社会』勁草書房, 2-38頁

中田敦（2021）「研究者二人を解雇した『グーグルAI騒動』, あぶり出されたAI倫理対立の深刻度」『日経クロステック』3月5日〈https://xtech.nikkei.com/atcl/nxt/column/18/00692/030400050/（最終確認日：2021年8月8日）〉

日本経済新聞（2021）「中国AI研究, 米を逆転——論文の質問・量や人材で首位」『日本経済新聞』8月8日〈https://www.nikkei.com/article/DGXZQOUC134R40T10C21A7000000/（最終確認日：2021年8月8日）〉

野村直之（2016）『人工知能が変える仕事の未来』日本経済新聞出版社

バートレット, J／秋山勝［訳］（2020）『操られる民主主義——デジタル・テクノロジーはいかにして社会を破滅するか』草思社文庫（Bartlett, J. (2018) . *The People vs Tech: How the Internet is killing our democracy (and how we save it).* New York: Dutton.）

バラット, J／水谷純［訳］（2015）『人工知能——人類最悪にして最後の発明』ダイヤモンド社（Barrat, J. (2013). *Our Final Invention: Artificial Intelligence and the Ende of the Human Era.* New York: Thomas Dunne Books.）

福島俊一（2021）「人工知能研究の新潮流〜日本の勝ち筋〜」国立研究開発法人科学技術振興機構（JST）研究開発戦略センター（CRDS）, 2021年6月〈https://www.jst.go.jp/crds/pdf/2021/RR/CRDS-FY2021-RR-01.pdf（最終確認日：2021年8月8日）〉

福田直之（2021）『内側から見た「AI大国」中国』朝日新聞出版

堀あきこ（2019）「誰をいかなる理由で排除しようとしているのか？：SNSにおけるトランス女性差別現象から」『福音と世界』74 (6), 42-48頁, Note版〈https://note.com/horry/n/ne0ae4c540671（最終確認日：2019年8月8日）〉

松尾豊（2020）「人工知能関連技術の歴史と技術動向」『電気情報通信学会誌』103 (5), 450-455頁

村上明子（2020）「AI開発におけるダイバーシティの必要性」『国際ジェンダー学会誌』18, 8-17

横山美和（2020）「AI・オートメーションとジェンダー」『国際ジェンダー学会誌』(18), 18-37頁

ラニアー, J／大澤章子［訳］（2019）『今すぐソーシャルメディアのアカウントを削除すべき10

の理由』亜紀書房（Lanier, J. (2018). *Ten Arguments for Deleting Your Social Media Accounts Right Now*. New York: Henry Holt & Co.）

ロイター（2021）「アルファベット，第2四半期売上高・利益が過去最高 広告好調」『ロイター』7月28日〈https://jp.reuters.com/article/idJPL4N2P3400（最終確認日：2021年7月28日）〉

ワイリー，C／牧野洋［訳］（2020）『マインドハッキング——あなたの感情を支配し行動を操るソーシャルメディア』新潮社（Wylie, C. (2019). *Mindf*ck: Inside Cambridge Analytica's Plot to Break the World*. London: Profile Books.）

和気真也（2020）「防犯カメラで顔認証は『違法』英国で警察捜査に待った」『朝日新聞』8月13日〈https://www.asahi.com/articles/ASN8F45D7N8DULFA016.html（最終確認日：2021年8月8日）〉

和気真也（2021）「公共空間で顔認証使う捜査，原則禁止 EUがAI規制案」『朝日新聞』4月22日〈https://www.asahi.com/articles/ASP4Q3QHNP4QULFA002.html（最終確認日：2021年8月8日）〉

Hao, K.（2020）「テレグラムに『ディープヌード』コミュニティ，10万人が被害」『MITテクノロジーレビュー［日本版］』10月26日〈https://www.technologyreview.jp/s/222803/a-deepfake-bot-is-being-used-to-undress-underage-girls/（最終確認日：2021年8月23日）〉

Hao, K.（2021a）「女性を水着姿にするAIの偏見問題，ラベル付けだけが原因ではない」『MITテクノロジーレビュー［日本版］』2月2日〈https://www.technologyreview.jp/s/233655/an-ai-saw-a-cropped-photo-of-aoc-it-autocompleted-her-wearing-a-bikini/（最終確認日：2021年8月23日）〉

Hao, K.（2021b）「『非倫理的』なAI訓練データセット，削除するだけでは不十分」『MITテクノロジーレビュー［日本版］』8月23日〈https://www.technologyreview.jp/s/253636/deleting-unethical-data-sets-isnt-good-enough/（最終確認日：2021年8月23日）〉

Hao, K.（2021c）「『不正な政治利用を許すな』フェイスブックに黙殺されたある元社員の訴え」『MITテクノロジーレビュー［日本版］』9月4日〈https://www.technologyreview.jp/s/252211/she-risked-everything-to-expose-facebook-now-shes-telling-her-story/（最終確認日：2021年9月4日）〉

Ryan-Mosley, T.（2021）「世界で一番美しいのは誰？ AIが絶対的基準になる日」『MITテクノロジーレビュー［日本版］』7月19日〈https://www.technologyreview.jp/s/249171/meet-the-ai-algorithms-that-judge-how-beautiful-you-are/（最終確認日：2021年8月8日）〉

Shellmann, H.（2021）「AI採用ツール導入加速で，意図せぬ障害者排除の懸念」『MITテクノロジーレビュー［日本版］』7月26日〈https://www.technologyreview.jp/s/251612/disability-rights-advocates-are-worried-about-discrimination-in-ai-hiring-tools/（最終確認日：2021年8月8日）〉

Simonite, T.（2020a）「グーグルがAIの倫理を専門とする研究者を解雇，業界に広がる波

紋 の 理 由」『WIRED』12月7日 〈https://wired.jp/2020/12/07/prominent-ai-ethics-researcher-says-google-fired-her/（最終確認日：2021年8月8日）〉

Simonite, T. (2020b)「GoogleのAI倫理研究者は，なぜ解雇されたのか？『問題の論文』が浮き彫りにしたこと」『WIRED』12月15日 〈https://wired.jp/2020/12/15/behind-paper-led-google-researchers-firing/（最終確認日：2021年8月8日）〉

Angwin, J., Larson, J., Mattu, S. & Kirchner, L. (2016). Machine Bias: There's Software Used across the Country to Predict Future Criminals. And It's Biased against Blacks. *ProPublica*, Published online on 23rd May 2016. 〈https://www.propublica.org/article/machine-bias-risk-assessments-in-criminal-sentencing（最終確認日：2021年8月15日）〉

Barr, A. (2015). 'Google Mistakingly Tags Black People as 'Gorillas,' Showing Limits of Algorithms', *The Wall Street Journal*, 1st July〈https://www.wsj.com/articles/BL-DGB-42522（最終確認日：2021年8月8日）〉

Berliner, L.S. (2018). *Producing Queer Youth: The Paradox of Digital Media Empowerment*. New York: Routledge.

Bivens, R. & Haimson, O.L. (2016). Baking Gender into Social Media Design: How Platforms Shape Categories for Users and Advertisers, *Social Media + Society*, 2(4): 1–12.

boyd, d.m. & Ellison, N.B. (2008). Social Network Sites: Definition, History, and Scholarship. *Journal of Computer-Mediated Communication*, 13: 210-230.

boyd, d., Levy, K. & Marwick, A. (2014). The networked nature of algorithmic discrimination. In S. Peña Gangadharan (with V. Eubanks & S. Barocas) (eds.) *Data and Discrimination: Collected Essays*. New America's Open Technology Institute 〈https://www.ftc.gov/system/files/documents/public_comments/2014/10/00078-92938.pdf（最終確認日：2021年8月8日）〉

Boyle, K. & Rathnayaka, C. (2019). #HimToo and the networking of misogyny in the age of #MeToo. *Feminist Media Studies*, 20(8): 1259-1277.

Buolamwini, J. & Gebru, T. (2018). Gender Shades: Intersectional Accuracy Disparities in Commercial Gender Classification. *Conference on Fairness, Accountability, and Transparency, Proceedings of Machine Learning Research*, 81:1-15.

Chen, G.M., Pain, P. & Barner, B. (2018). "Hashtag Feminism": Activism or Slacktivism？In Harp, D., Loke, J. & Bachmann, I. (eds.) *Feminist Approaches to Media Theory and Research*. Chem: Palgrave Macmillan〈https://doi.org/10.1007/978-3-319-90838-0（最終確認日：2021年9月18日）〉

Crawford, K. & Calo, R. (2016). There is a blind spot in AI Research. *Nature*, 538: 311-313.

Dastin, J. (2018). Amazon scraps secret AI recruiting tool that showed bias against women. *Reuters*, Published online on 11th October 2018. 〈https://www.reuters.com/article/usamazon-com-jobs-automation-insight-idUSKCN1MK08G（最終確認日：2021年8月8日）〉

Döring, N., Reif, A. & Poeschl, S. (2015). How gender-stereotypical are selfies? A content analysis and comparison with magazine adverts. *Computers in Human Behavior,* 55: 955-962.

Dobson, A.S. (2015). *Postfeminist Digital Cultures: Femininity, Social Media and Self-representation*. New York: Palgrave Macmillan.

Dobson, A.S., Carah, N. & Robards, B. (2018). Digital intimate publics and social media: Towards theorising public lives on private platforms. In Dobson, A.S., Robards, B. & Carah, N. (eds.) *Digital Intimate Publics and Social Media*. New York: Palgrave, pp. 3-27.

Earle, E.R. (2019). "The consequences will be with us for decades": The politicization and polarization of the #MeToo and Time's Up movements in the United States. *Interactions: Studies in Communication & Culture*, 19(3): 257-271.

Edwards, L., Philip, F. & Gerrard, Y. (2019). Communicating feminist politics ? The double-edged sword of using social media in a feminist organisation. *Feminist Media Studies*, 20(5): 605-622.

Frenkel, S. & Kang, C. (2021). *An Ugly Truth*. London: The Bridge Street Press.

Gamez-Guadix, M. & Incera, D. (2021). Homophobia is online: Sexual victimization and risks on the internet and mental health among bisexual, homosexual, pansexual, asexual, and queer adolescents. *Computers in Human Behavior*, 119: 116728. Published online on 4th February 2021. 〈https://doi.org/10.1016/j.chb.2021.106728（最終確認日：2021年9月18日）〉

Gehl, R.W., Moyer-Horner, L. & Yeo, S.K. (2017). Training Computers to See Internet Pornography: Gender and Sexual Discrimination in Computer Vision Science. *Television & New Media*, 18(6): 529-547.

Gray, M.L. & Suri, S. (2019). *Ghost Work: How to Stop Silicon Valley from Building a New Global Underclass*. Boston, M.A./New York: Houghton Mifflin Harcourt.

Guardian, The (2016). 'Microsoft "deeply sorry" for racist and sexist tweets by AI chatbot'. *The Guardian*, 26 March 〈https://www.theguardian.com/technology/2016/mar/26/microsoft-deeply-sorry-for-offensive-tweets-by-ai-chatbot（最終確認日：2021年8月8日）〉

Harwell, D. (2021). Federal government to expand use of facial recognition despite growing concerns. *The Washington Post*, 25th August 〈https://www.washingtonpost.com/technology/2021/08/25/federal-facial-recognition-expansion/（最終確認日：2021年8月28日）〉

Henry, N. & Powell, A. ([2016] 2018). Technology-Facilitated Sexual Violence: A Literature

Review of Empirical Research. *Trauma, Violence, & Abuse*, 19(2): 195-208.

Jackson, S.J., Bailey, M. & Welles, B.F. (2020). *#HashtagActivism: Networks of Race and Gender Justice*. Cambridge: MIT Press.

Jansen, P., Broadhead, S., Rodrigues, R., Wright, D., Brey, P., Fox, A. & Wang, N. (2018). SIENNA D4.1: State-of-the-art Review: Artificial Intelligence and Robotics. *Zenodo*, Published online on 13th June 2019, 〈https://doi.org/10.5281/zenodo.4066571 (最終確認日：2021年9月18日)〉

Kayser-Bril, N. (2020). Female historians and male nurses do not exist, Google Translate tells its European users. *Algorithm Watch*, Published online on 11th September 2020. 〈https://algorithmwatch.org/en/google-translate-gender-bias/(最終確認日：2021年8月2日)〉

Kemp, S. (2021). *The 2021 Global Digital Report*, 27th January 2021, 〈https://wearesocial.com/digital-2021(最終確認日：2021年8月2日)〉

Khoja-Moolji, S. (2015). Becoming an "Intimate Publics": Exploring the Affective Intensities of Hashtag Feminism. *Feminist Media Studies*, 15(2): 347-350.

Krug, E.G., Dahlberg, L. L., Mercy, J.A., Zwi, A.B. & Lozano, R. (eds.) (2002). *World Report on Violence and Health*. Geneva: World Health Organization.

McCarthy, J. (2007). *What is Artificial Intelligence*? 〈http://www-formal.stanford.edu/jmc/whatisai/whatisai.html(最終確認日：2021年8月2日)〉

Mendes, K., Ringrose, J. & Keller, J. (2019). Hashtag Feminism: Sharing Stories with #BeingRapedNeverReported. In *Digital Feminist Activism: Girls and Women Fight Back against Rape Culture*. Oxford: Oxford University Press, Published online on February 2019. 〈https://doi.org/10.1093/oso/9780190697846.003.0006 (最終確認日：2021年9月18日)〉

Quet, M. & Al Dahdah, M. (2020). Technologies Without Borders? The Digitization of Society in a Postcolonial World. *Science, Technology and Society*, 25(3): 363-367.

Rivers, N. (2017). *Postfeminism(s) and the Arrival of the Fourth Wave*. Cham: Palgrave Macmillan.

Sheuerman, M.K., Paul, J.M. & Brubaker, J.R. (2019). How Computers See Gender: An Evaluation of Gender Classification in Commercial Facial Analysis and Image Labeling Services. *Proceedings of the ACM on Human-Computer Interaction*, 3(CSCW, Article 144).

Solon, O. (2017). 'Ex-Facebook president Sean Parker: Site made to exploit human 'vulnerability'.' *The Guardian*, 9th November 〈https://www.theguardian.com/technology/2017/nov/09/facebook-sean-parker-vulnerability-brain-psychology (最終確認日：2021年8月3日)〉

United States Government Accountability Office (GAO) (2021). Facial Recognition Technology: Current and Planned Uses by Federal Agencies. *Report to Congressional*

Requesters (GAO-21-526). Published online on August 2021. 〈https://www.gao.gov/assets/gao-21-526.pdf(最終確認日：2021年8月28日)〉

Urbi, J. (2018). Some transgender drivers are being kicked off Uber's app. *CNBC*, Published online on 8th August 2018. 〈https://www.cnbc.com/2018/08/08/transgender-uber-driver-suspended-tech-oversight-facial-recognition.html(最終確認日：2021年8月28日)〉

Van Noorden, R. (2020). The ethical questions that haunt facial-recognition research. *Nature*, 586: 354-368.

West, S. M., Whittaker, M. & Crawford, K. (2019). Discriminating Systems: Gender, Race and Power in AI. New York: AI Now Institute. April 2019 〈https://ainowinstitute.org/discriminatingsystems.html (最終確認日：2021年4月5日)〉

World Economic Forum (2018). *The Global Gender Gap Report 2018*. Cologny/Geneva, Switzerland 〈http://www3.weforum.org/docs/WEF_GGGR_2018.pdf（最終確認日：2021年8月28日)〉

Zou, J. & Schiebinger, L. (2018). Design AI so that it's fair. *Nature*, 559: 324-326.

Zuboff, S. (2019). *The Age of Surveillance Capitalism: The Fight for A Human Future at the New Frontier of Power*. London: Profile Books（ズボフ，S ／野中香方子［訳］(2021)『監視資本主義──人類の未来を賭けた闘い』東洋経済新報社）

デジタル社会における
ファッションメディアとジェンダー表象

高馬京子

1　はじめに

　「衣服は書かれてファッション（服飾流行）になる」（Barthes, 1967）とロラン・バルト（R.Barthes）が1958年6月から1959年6月に刊行されたフランスのファッション雑誌を分析した『モードの体系（Système de la mode)』で示したように，一枚の衣服は，メディア上で書かれてファッションとして構築され伝達されていくとされてきた。

　ファッションメディアとは，印刷技術，情報伝達手段の発展によって大きく変化してきたメディアである。「ファッションの国」といわれるフランスを例にとっても，ファッションメディアとして人形，肖像画，銅版画が用いられてきたが，その後印刷技術，交通手段の発展を経て，20世紀になりマスメディアとしてのファッション雑誌が本格的に展開していった（深井, 1998）。そして，20世紀末のインターネットの本格的出現によって，ファッションメディアのデジタル的転回(Titton2016：215)——すなわち，ファッションメディアのウェブ版やファッションブログなどが展開していくことになる。さらに2010年代になって急発展したスマートフォンとソーシャルメディア（SNS）の発展により，そこにファッションメディアが参入するようになる（高馬, 2019）。このように様々に形態が変化していったファッションメディアであるが，それぞれのファッションメディア上ではその時代，その社会によって要請された理想的ジェンダー像が構築されてきた。本章では，特に現代社会においてデジタル化したファッションメディアが構築・伝達するファッションと規範的ジェンダー像の関係が，マスメディア時代と比較しどう変容したかという問いについて議論していく。

　ファッションメディアは，（資本主義）社会が要請するそのファッショナ

ブルな衣服に身を纏い，さまざまな生活シーンを実践する「規範的ジェンダー像」を通して，その像にたどり着いていない読者にその差を通して「規範的不安」（Giet, 2005：71）を植え付け，読者の消費を促してきたといえる（高馬, 2021a：126）。元来20世紀初めにファッション雑誌がファッションメディアとして発展し始めた頃，当時流行論をまとめたジンメルも述べるように，貴族や有産階級を中心にファッション情報が享受されていた。すなわち，ヴェブレンも述べたように，この時代，ファッションのお手本は上流階級であり，超えるべき（越えられなくとも模倣すべき）境界として「階級」があった。しかし，ファッションメディアが発達し，ファッション情報を享受できる人が増え，また，オートクチュールからプレタポルテ，そしてストリートファッションの展開と，一スタイルが流行する時代がおわり，スタイルが多様化する中，スタイルを模倣できる諸手段（ミシンの発達，ファッションスタイルの簡素化，既製服，さらにはファースト・ファッションの展開等）によって，ファッションを享受できる層も広がった。ファッションも，そして，そのファッションを身に纏うことで構築される着用者のアイデンティティも，国，性別，階級，年齢，民族といった規範的な境界を越え(Kaiser, 2012)，多様に形成，伝達されることになっていく。また，ファッションメディアのデジタル化が進む中で，ファッションブロガー，またインフルエンサーたちは，やろうと思えばだれでもが自らの情報を発信することができるようになる。後述するように，ファッションブログの全盛期は，着用者のエンパワーメント空間としてファッションデジタルメディア空間が考えられる時期もあった（Rocamora, 2011：410）。ファッションメディアの発信者が多様化し，ファッションメディアやブランド以外の，それまで受け手と考えられていた一着用者が平等に情報を提供できるようになったと考えられてもいたのであった。

企業やファッションメディアのデジタルメディアの進出により，「エンパワーメント空間」と考えられていたファッションデジタルメディア空間はもうエンパワーメント空間として成立していない部分も大きくみられるため次に，その変化について検討していく。

　いまだファッションにおいてはメインストリームを支配するのは欧米のブランドというファッションにおける西洋中心主義という点は議論すべき課題ではあるが，ここでは，それでも，そのようなメインストリームと考えられている西欧のファッションメディアのデジタル社会における役割とジェンダー表象について考察したい。主に，ウェブ，ブログ，ソーシャルメディアとデジタル社会におけるファッションメディアの変遷という視点から，ファッションブログとジェンダー表象，ソーシャルメディアとジェンダー表象について先行研究を検討し，デジタル社会におけるファッションメディアとジェンダー表象との関係とその可能性について議論する。

2　　　ファッション・ブログとジェンダー表象

　デジタルメディア，ソーシャルメディアが発達し，双方向情報発信が日常的になった今日のファッションは，「崩壊するほどに熟している。インターネットこそが（ファッションの）全てを民主化する」（ベンドーニ，2017）との指摘を，2017年時点で筆者が大会実行委員長として開催した日本記号学会の大会を書籍化した学会誌『転生するモード：デジタルメディア時代のファッション』の序文で引用した[(1)]（髙馬，2019：14）。しかし，ここで民主化というのはどのような意味において用いられたのかと

いう問いについて，議論したときから4年を経て，コロナ禍も後押しし，社会のデジタル化に拍車がかかった2021年現在，再考しなければならない状況が生じているといえよう。

このように紙媒体としてのファッションメディアが当初WEBに進出し[2]，また，WEB上にファッションブログが作られるようになっていく。

2000年代の後半からこのファッションブログに関しての研究も多くみられるようになる。ファッションブログの研究を始めた第一人者の一人であるアニエス・ロカモラ（A. Rocamora）は「個人によるファッションブログは自身の私生活を提示しながらファッションをめぐる現代社会の女性の立ち位置を反映するアンビバレントな空間—すなわち，パノプ

脚注

(1)——— ファッションマーケティングを専門とする研究者であるベンドーニ（Bendoni）は，米国発フリマアプリ「ポッシュマーク」のCEOマニッシュ・チャンドラの言葉を，「（インターネット以前は，ファッション）トレンドを配布してきたものとして，ファッションショー，バイヤー，主要ファッション都市の強力なファッション編集者が挙げられるが，それは決して民主的とは言えなかった」（チャンドラ，2014；ベンドーニ，2017：10にて引用）と引用する（高馬，2019）。

(2)——— 上記した序文でも，欧米圏において最初に現れた「デジタルファッションメディア」について以下のように触れた（高馬，2019）。ファッションに関するオンラインメディアとして，1994年頃から始まった*Vogue.com, GQ.com*など一般ファッション誌のオンライン版が挙げられる。その後，2002年頃に，ファッションフォーラム，ファッションブログが生じ，2004年にはストリートファッションのネット上での写真公開が本格化したとされている（ドルベックとフィッシャー，2015；ベンドーニ前掲書：19にて引用）。また，Iphoneが2007年に誕生しデジタルメディア，SNS利用のさらなる発達によって，それまでファッション雑誌の編集者達が担っていたゲートキーパー／インフルエンサーという役割を，デジタルインフルエンサー，そしてファッションブロガーといわれる人々が担っていくようになる（ベンドーニ，前掲書：28）（高馬，2019）。

ティックな男性の視線のもとで，女性らしいアイデンティティを構築すると同時に，男性目線ではなく女性自身の女性のためのアイデンティティ構築のための空間」とファッションブログ空間における「エンパワーメント空間」の側面を提唱した（Rocamora, 2011：410）（髙馬, 2021a：129）。

　ファッションブログやそこでのジェンダー（特に女性）表象を議論した際に，アニエス・ロカモラやミンハー・ファム（M.T.Pham）がとりあげたファッションブロガーは，ファッション雑誌*Vogue*のようなそれまでの伝統的かつ権威的なマスメディアであるファッション雑誌が取り上げてきた「白人，細い，若い，ステイタスのある」といったモデルや女優ではなかった。ロカモラ（2009）やファム（2013）が取り上げたのは，当時「ファッションブログコミュニティーに君臨する女王」（Pham, 2013：245）とされていたスージー・ロウ（Susie Lau）のStyle Bubbleというファッションブログである。長い黒髪等のアジア人女性の容貌を有するロンドン生まれの香港人というアイデンティティを有するスージー・ロウが自らのブログに「毎日購入したファッションの商品を紹介」（Rocamora, 2009：109）するものであった。それに対し，ロカモラは「独立したファッションブログの成功は，【伝統的ファッション雑誌が提言する】ファッションの表象の支配的モデルに対して満足されていなかったから」とし，そこで紹介されているスタイルは「『かわいい』とか『エレガント』といった女性性を容易に言葉で表すことのできない，【中略】，フェミニストの政治的プロジェクト」ともいえるのではないかと提示している（Rocamora, op.cit.）。それに対してファム（Pham, 2013）は，当時欧米のファッションブランドが中国（人女性）の購買力に頼るという方向を打ち出していたことも背景にこのファッションブログにおけるスージー・ロウを事例に非西洋人であるアジア人女性のファッションブロガーを考察する。このスージー・ロウが「中

国本土のそれとは異なるメインストリームの西洋ファッションを選択」(Pham, 2013：258) していることからも，「ポスト・ミレニアル時代の経済における労働者の女性化，クリエイティブな労働者／消費者の人種差別」(Pham, 2013：253)に触れる。そこでは「ファッションの理想的主体であり続ける女性たちにとって，よりよく買い物をし，よりよく見せて，よりよく感じられる」ことを可能にするファッションブログでは，「［ファッション・ブロガーという］ジェンダー化された労働者がより自己イメージを配慮しうる」(Pham, 2013：260)と指摘する。

　このように，デジタルファッションメディアとしてブログが隆盛していた時代，ポストミレニアム世代が中心となり，アジア人ファッションブロガーといったそれまでの西洋中心のファッションメディアが提言してきた理想的女性像とは異なる女性像が構築されていた。すなわち，メインストリームのファッション・メディアでは取り上げることのなかった女性像が，当時の中国人女性のファッションブランド消費熱／力という背景に触発され欧米のファッションブランドも中国人消費者を意識したブランド展開をし始めたと考えられるのである。その時期，このようにファッションブロガーはおそらく中国人消費者を意識したアジア系の「ネオリベラルな主体」(Pham, 2013：260)な存在として提言されていく。このロカモラやファムの視点からだと，スージー・ロウのブログに代表とされるファッションブログはエンパワーメント空間であるという視点は，確かに，ロンドンのファッション基準からみるとありえたといえよう。しかし，同じブログでも，中国本土に向けては，それは西洋文化としてのファッションを中国人がいかに着こなすのかを提言する理想像としてこのファッションブロガーは定義される。このように，中国向けの商業ベースともつながっていったという側面を考えるならば，単純にファッション

ブログ＝エンパワーメントと空間としては説明できないといえよう[3]。

　また*Vogue Japan*のWEB版でも一時期現役の一般女子大生など一般人も含めた様々なブロガーによるブログコーナーを置くなど，ファッションブログの出現によってファッションメディア（誌面，WEB版とともに）も変化するようになった。このことはすなわち，例えば*Vogue*でそれまで理想的女性像として提言されてきたのはプロのファッションモデル，もしくは女優，さらには歴史をさかのぼるならオートクチュールの顧客になりうるような上流階級の人々であったのに対し，インターネット出現後の*Paris Vogue*では，もっと身近な業界人，一般人が発言をし，そのファッションページが取り扱われているのである。そこに紹介される女性像を指呼する言葉として*Paris Vogue*でも"fille（娘）"という言葉が使われるように，そこで提言される理想的女性像は，上流階級，業界人というよりも若さが全面に表されていることが窺える（高馬，2021b）。

脚注

(3)————　このパーソナルなファッションブログ，そしてそれまでの欧米のファッションメディアで構築されてきた規範的女性像とは違う「ネオリベラル」なポストミレニアムな女性像の発展は，2000年代のファッション雑誌の構成にも影響を及ぼしていく。2000年代のファッション雑誌*Vogue Paris*の構成をみていても，それまでのオートクチュール，プレタポルテのファッションをファッションモデルや有名な女優が紹介していたもの（高馬，2019）から，個人の日常生活や日常のファッションというファッション・ブログのような誌面構成もみられるようになっていく（高馬，2019）。

3 インスタグラムの発展とファッションメディア

　2010年に誕生し，2017年には，世界で一番のファッションメディアとなった (Fontanel, 2018：186) インスタグラムはいわずもがな文字が若干掲載されるにせよ，写真中心のメディアである。冒頭で述べたバルトが分析したマスメディアのファッション雑誌によって提示されるファッションが「コード化されたファッション (mode codée)」とするのに対し，ブログで提示されるファッションを「パロール」的な「話されるファッション」とロカモラは定義した (Rocamora, 2009：112)。それに対し，写真を撮った瞬間にすぐに配信できるインスタグラムで展開されるファッションは，*Paris Vogue* (2017) の定義を借りるならば「瞬時のファッション (mode instantanée)」といえるだろう。

　本書の冒頭で述べた「デジタル的転回」したファッションメディアは「ファッションメディアとファッション産業間の経済的依存構造がより強まり，ファッションブログの職業化に貢献し，ブロガーの仕事を広げていく」(Pedoroni, 2015；Titton, 2016) (高馬, 2021a：129) とされるように，オンラインのファッションメディアは単純にエンパワーメント空間とだけ言える状況でもなくなっている。その核となるのがインフルエンサーの存在であろう。フォロワー数によってマクロ・インフルエンサー（多くのフォロワーを持つインフルエンサー）とマイクロ・インフルエンサー（少ないフォロワーを有するインフルフルエンサー）のアカウントがある。マクロ・インフルエンサーの事例としてフォンタネルも指摘するように，女性スター（ここではセレーナ・ゴメスを例に上げる）が多くのフォロワーを有していることを，ファッション業界も見逃すことはなく，その女性スターとコラボレーションし，自社製品であるバッグを持つスターの写真を投稿してもらうとしている

(Fontanel, 2018：186)[(4)]。

　これはもちろん，このセレーナ・ゴメスに限らず現在あらゆるソーシャルメディア上で見られている現象である。それに対し，マイクロ・インフルエンサーのアカウントは，例えばセクシュアル・マイノリティーのファッションのアカウント，メインストリームではないファッションのアカウント（例えば筆者が調査しているフランスにおける「kawaii」ファッション）などもある。また，前述したファム（2015）が，インスタグラムが隆盛しつつある2013年に，ツイッターにおける#feministselfieの行為，ここでは，「白人，若い，細い」という規範的な民族的，体型などに当てはまらない女性たちが「デジタル・ナルシズム」とも捉えられるセルフィ―で自己表象となる写真をとり，自分たちの話を投稿するという「デジタル・アクティヴィズム」について議論する(Pham, 2015)。この事例は，ソーシャル・メディアのおかげで自らの場所を得て，一般の社会の規範を守る場において排除されてきた人々の自己表現する場となっている。しかし，マイクロ・インフルエンサーのアカウントが必ずしも，規範的ファッション，規範的ジェンダー像に対抗するものとは限らない[(5)]。

　ケイ，マルカイ＆パーキンソン（Kay, Mulcahy & Parkinson,2020）がマク

脚注

(4)―――― ブログにせよ，インスタグラムにせよ，当初は，当初大手ファッション雑誌の編集者とデジタルインフルエンサーといったゲートキーパー達との間の戦い，また取り込みをも生み出すとされていた（メンケス，2013；ベンドーニ，前掲書二四頁にて引用）。例えば，以前はストリートでなされていたように，現在デジタルメディア環境下で，複数の小文字のモード（局所的なファッション）が断片的にかつ多様に形成され，そこから際立ったものを，マスメディアが取り込み大文字のモードとして形成していく，という流れも見られるようになっていく（高馬，2019）。

ロ・ミクロそれぞれのソーシャルメディアのインフルエンサーのスポンサーの開示の影響について論じる。例えばスポンサーについてもらっていることを開示しないマクロ・インフルエンサーよりスポンサーについてもらっていることを開示しているマイクロ・インフルエンサーの方が消費者の購買には影響が大きいとしている。このように，マクロ，マイクロにかかわらず，ソーシャルメディア上では，フォロワーをある種「誘導」することも可能であることからも，ジェンダー規範構築にとって，ソーシャルメディアはエンパワーメント空間とは一概にはいえない，といえよう。

　また本書の中の対談2でも言及しているように，アニエス・ロカモラが指摘する＃パリジェンヌとして現れる何人かのインフルエンサーに対しても，結局，伝統的かつ権威的であったマスメディアの時と同じ，「白い・若い・細い」女性像がSNS上の＃パリジェンヌのもと集約されていくとされている。デジタル・アクティヴィズムという動きがある一方，ブログにおけるジェンダー表象は伝統的，男性中心な規範的女性像を超えることはできないことを証明している事例といえよう。

　このように，デジタル社会において，主流なファッションメディアがブ

脚注

(5)――――――例えばファッションブロガーとして前述したSusie Lauはインスタグラムのアカウントを2021年8月現在開設しているが，例えば8月14日現在，世界フォロワーランキング上位のキム・カーダシアンのある一投稿へのコメントが15,000程度であるのに対し，Susie Lauは50と少なく比較的マイクロ・インフルエンサーといえる。そのSusie Lauの投稿の中には，gucci beautyとのタイアップ投稿と明示した投稿（2021年7月23日）もあることは，たとえ，Susie Lau自身は近代西洋の規範的女性像とは異なるとはいえ，ファムの指摘がここでもあてはまり，エンパワーメント空間としては表されていないことになるだろう。

ログからソーシャルメディアへと移り変わる中，そこで形成される理想的ジェンダー像形成において，ファッションソーシャルメディアは，エンパワーメント空間というよりは，マスメディア以上に，消費や理想的ジェンダー像を強制的に，双方向メディアであるソーシャルメディア上で押し付けている場となっているかもしれない。

　また，本章の冒頭で示したように，デジタルメディアによってファッションは民主化したというコメントを提示したように，元々はいろいろな多様な自己呈示が保証される空間と考えられていた。

　それから時を経て「ファッションの多様性」についてファッションジャーナリストやインフルエンサーといったファッション業界のプロたちと議論した論稿を発表したジョアン・エントウィスルは，その対談の中で，ソーシャルメディアのアルゴリズムによってアクセスできる情報がコントロールされており結果みな似たようなファッションを身に着けるようになると指摘する（Entwistle et al, 2019：315）。このように考えると，アプローチはともあれ，伝統的ファッション雑誌もソーシャルメディアとしてのファッションメディアも「民主主義」というよりは「資本主義」の下ファッションの画一化が促進されることに変わりはないだろう。AIによって各個人にアクセス可能な情報が取捨選択され提言されるファッションメディアとしてのSNSやWEBサイトでは，あたかも自分が選んだように操作され，メディアのコントロールが水面下でより見えにくくなり，より制御不能ファッションメディアのコントロール下に私たちが置かれていることを意味するのではないだろうか。

　エントウィスルらの議論の中で，デジタル社会の発展とともに多様性が重要視される中，ファッションブランドもキャンペーンでは年齢，人種，肌の色など多様性をうたうモデルを起用しても，実際のファッショ

ンを紹介する広告などにおいては，ほとんどがいつも通りの「白い，細い，若い」モデルを使用していると述べている（Entwistle et al Ibid.：321)[6]。

　エントウィスルの論稿において，その議論の相手の一人であるファッション関係者が，あるメジャーなファッションブランドの会議で，「『年のいった』『有色』のモデルを起用してほしい」，「大きいサイズ転回をそのブランドでしてほしい」などの提言をしてもそれが却下されるという例をだしている。その例を通して結局，メディアにおいても，ファッションブランドにおいても決定権をもつ立場に，旧来の男性中心主義的な判断を行う男性ではなく，そのような視点から解放された存在によって，状況を変えられるのではないかとその座談会をしめくくってもいる（Entwistle, 2019：321)[7]。

　デジタル社会におけるファッションメディアにおいて「人種」の問題，肌の色が差別の問題に直結するのは，移民，植民地の歴史を長きにわたりもってきた国々が抱える問題といえるだろう。確かに日本国内に限定して考える場合でも，肌の色という問題は，日本のファッションメディアで，いまだ西洋人モデルが多く使用されていることとも関連するだろう（Morimoto and Chang, 2009[8]）。しかし，ファッションによって「私

はだれになろうとしているのか」とその超えるべき枠組みについて前述のとおりスーザン・カイザーが提示した「人種（肌の色も含む）」「階級」「年齢」「国」「性別」（『細いという意味での体型』や外見の美しさは年齢に含まれるだろう）中で文化の差を超えて，欧米，そして日本のファッションメディアで共通して語られるのは，昔から提言されてきた「男性の視線」を前提とする「年齢（成熟・未熟）」という境界といえるのではないか[9]。

それでも，ブログの全盛期やデジタル・アクティビズムがおこってきたように，デジタル社会においてファッションメディアはジェンダー表

脚注

(7)——— 日本においても，多様性という言葉は様々な企業のスローガンのようになっており，またLGBTの選手も参加したオリンピック2020開催時には，日本経済新聞やその他のメディアでLGBTQとは何かという記事に触れることが多かったように，多様性を重視する社会というスタンスが表明はされるようになっている。しかし，一方で，日本でもアルゴリズムによるアクセスできる情報が制限されることは同様であるし，様々なファースト・ファッションのECサイト，アプリをみていても，違うメーカーの類似したファッションを探せるアイコンまでが表示され，また，そこには何万という人のいいねがクリックされていることから，みなより同じような外見になっていくことが想定される。このことは，上記した，ファッションブランドのキャンペーンの年齢，人種など多様なモデルと，実際のファッションを身に着けるモデルが違うのと同じ論理といえよう。

(8)——— Morimoto, Chang (2009) の研究によると，日本のファッション雑誌の広告において，健康，車，旅行などはアジア人モデルが使用されるのに対し，洋服，アクセサリー，化粧などは西洋人モデルが起用されることが多いと結論付けており，本章の注6の『マリークレール』と同じ傾向がみられる。

(9)——— フランスに比べると驚くほどファッション・メディアが細分化された国である日本で，各世代別，各テイスト別にファッション・メディアが存在する。その中で10代の雑誌をのぞいて（例えば『セブンティーン』などは大人っぽい女性が理想の女性像として描かれる），すべてにおいて，男性の視線を前提とした外見の美しさを伴う「若さ」を重視した女性像が形成されている。

象形成においてエンパワーメント空間になりえるのではないか，という期待を持ち続けることができないだろうか。近代男性中心社会の「遺産」を引き継ぐ今日においても，デジタル社会におけるファッションの世界も悲観的な側面も一部みられる中，最後に『男性性の探求』を書いたラファエル・リオジエ氏のことばを借りて可能性を考えたい。リオジエ氏は（もちろん全員ではなく、男性中心社会の意識を持ち続けている）男性の女性蔑視や女性に対する視線など意識を変えることができるのか，という問いに対し，芸術の力を借りれば，芸術でその理想を提示していければ，それを鑑賞することを通して男性自身も考えを変えるきっかけをもてるかもしれないと述べている[10]。本書では，まさに，デジタル社会におけるファッションとアートの両方を扱っているが，ファッションとアートが融合してなにかを提示していくこと，真の多様性を具現化しうる真のエンパワーメントとしてのファッションメディアがこのデジタル社会だからこそ実現できるのかもしれない。

脚注

(10)―――――また実際，いくつかのハイブランドでは，それでもジェンダーレスなど多様性を示すファッションも提案されているもの，多様なモデルを起用するブランドもある。このような最先端の「アート」とも捉えられる，一見日常で着用するには難しそうと思われがちのファッションスタイルがだんだんとマスファッションに，その特徴が弱まりながらでも普及していくときに，それらがなにかの影響をあたえていくだろうことにも期待したい。

引用・参考文献

ヴェブレン, T ／村井章子［訳］（2016）『有閑階級の理論［新版］』ちくま学芸文庫

高馬京子（2021a）「デジタルファッションメディア空間における視線と言説」高馬京子・松本健太郎［編］『みる／みられるのメディア論―理論・技術・表象・社会から考える視覚関係』ナカニシヤ出版

高馬京子（2021b）「フランスのファッション・メディアにおける規範的女性像の構築と伝達」高木陽子・高馬京子［編］『越境するファッションスタディーズ』ナカニシヤ出版, 161-175頁

日本記号学会［編］（高馬京子特別編集）（2019）『転生するモード―デジタルメディア時代のファッション』新曜社

深井晃子［編］（1999）『世界服飾史』美術出版社

リオジエ, R ／伊達聖伸［訳］（2021）『男性性の探求』講談社

リオジエ, R・三牧聖子・清田隆之（2021）『女性蔑視はどうつくられるか――ラファエル・リオジエ『男性性の探究』をめぐって』講演会　7月26日, 於・ZOOMウェビナー

Barthes, R. (1967). *Système de la Mode* （バルト, R ／佐藤信夫［訳］（1972）『モードの体系――その言語表現による記号学的分析』みすず書房）

Bendoni, W. (2017). *Social Media For Fashion Marketing*. New York: Bloomsbury.

Entwistle, J. et al(2019). Fashion Diversity. *Fashion Theory*. 23(2): 309-323.

Fontanel, S. (2018). La révolution Instagram. *Revue des deux mondes, Hors-série patrimoine, La mode sous Influence-De Diane de Poitiers à Instagram*. Paris: Edition de la Revue des deux mondes: 183-189.

Giet, S. (2005). *Soyez libres! C'est un ordre*. Paris: Editions autrement.

Kaiser, S. (2012). *Fashion and Cultural Studies*. New York: Berg Pub Ltd.

Kay, S., Mulcahy, R., Parkinson, J.(2020). When less is more: the impact of macro and micro social media influencer's disclosure. *Journal of Marketing Management*, 36(NOS3-4): 248-278.

Morimoto, M.and Chang S.(2009). Western and Asian Models in Japanese Fashion Magazine Ads: The Relationship With Brand Origins and International Versus Domestic Magazines. *Journal of International Consumer Marketing*, 21: 173-187.

Pham, M.T. (2013). Susie Bubble is a Sign of the Times. *Feminist Media Studies*, 13(2): 245-267.

Pham, M.T. (2015). "I click and Post and Breathe, Waiting for Others to See What I See": On #FemistSelfies, Outfit Photos, and Networked Vanity. *Fashion Theory*, 19(2): 221-242.

Rocamora, A. & Bartlett, D. (2009). Blogs de mode: les nouveau espaces du discours de mode. *Sociétés*, 104: 105-114.

Rocamora, A. (2011). Personal fashion blogs: Screens and mirrors in digital self-portraits. *Fashion Theory*. 15(4): 407-424.

Titton, M. (2016). Fashion criticism unravelled: A sociological critique of criticism in fashion media. *International Journal of Fashion Studies*, 3(2): 209-223.

社会現象としてのファッション
——デジタル化により加速する記号化

小石祐介

1　ファッションとは何か

　「ファッション」という言葉は曖昧な意味のまま，日本語の言語空間を漂っている。この言葉は日本国内では「流行」として翻訳されることがある。しかし，ファッションの現場に関わる身から考えると，流行はファッションの現象的側面の一部を投影した姿にすぎない。ファッションという言葉は何を射程にしたものなのだろうか，そしてファッションデザインとは何を意味するのだろう。実態に沿ってまずその日本語の翻訳語を作ることについて考えてみたいと思う。

　まず示唆的な話として，1998年に東京で行われた建築家の磯崎新と芸術家の荒川修作の間で行われた対談について触れておきたい（荒川・磯崎，1998）[1]。ニューヨークを拠点に芸術家として活動していた荒川は，パートナーの詩人のマドリン・ギンズと共にこの頃，建築作品を制作していた。磯崎との対話の中で，「建築」の意味について示唆的な応酬がある。磯崎は数々の講演や著書で建築の本来の意味について言及してきた。日本語では一般的に建物（ビルディング）を設計し建てること，その様式という意味で扱われる建築だが，現代の価値観からすれば"Architecture"という言葉は建物という構造体を都市の

脚注

(1)―――1 磯崎，荒川の対談は20年を経過した今，示唆が深い。『Intercommunication 1998』 に対談がまとめられている。対談はNTT ICC Hiveにて公開されている。
『新しい日本の風景を建設し，常識を変え，日常の生活空間を創りだすために　荒川修作／マドリン・ギンズ展』対談：荒川修作・磯崎新　司会：中村敬治
1998年3月6日。https://hive.ntticc.or.jp/contents/artist_talk/19980306

中に造ることの枠組みを超えている。"Architecture"は物理空間に作られた建物，あるいはその集合体の都市というよりもむしろ，そこに生まれる人間と都市環境の相互作用，ダイナミクスまでを射程に含んだものを考えるものだ[2]。

　荒川の関心は「生命の建築」というものだった。荒川は世界を変えるためには，その構成要素である人間の倫理を作り変えなければいけないと語る。そして，それを可能にするためには人間の身体を変えなければならない。身体を変えるためには人間が生活する建築を設計する必要があると語っている。代表的な建築作品である三鷹天命反転住宅を含め，彼の作品の射程は景観の中に建てられた建築物そのものというより，その建物が未来における人間の振る舞い，ダイナミクスに影響を与えること。その現象までを設計することにあった[3]。磯崎と荒川は完全に同意することはないにしろ，建築物というオブジェクトというよりもシステムとして考えている。システムが社会を摂動する行為というものに注目していた。

脚注
(2)――― この考えの原型は『空間へ』（磯崎, 1973）の中に書かれたプロセス・プランニングに通ずる。その後もこれについては彼のインタビュー（磯崎・日埜, 2013）などでも語られている。
(3)――― 荒川はこのことを「生命を建築する」という形で語っていたと筆者は理解している。彼に関する参考資料として『22世紀の荒川修作＋マドリン・ギンズ―天命反転する経験と身体』（三村, 門脇, 2019）の中の拙著『DOVER STREET MARKET NEW YORKと私と荒川修作＋マドリン・ギンズ』（小石）を挙げておく。

2 　　　階級とファッション――「様装」の誕生

　ファッションの話に戻ろう。建築における建築家と同様に，ファッションにもファッションデザイナーが存在する。それは衣服を作る人なのか？あるいは流行を作る人なのだろうか？先の磯崎や荒川の背景を考えた上で，ファッションを見れば，衣服や流行だけとみてしまうのはあまりにも狭義だと思う。

　まずファッションの主要素として上げられる衣服（アクセサリーを含む）について考えよう。いま社会階級が強固に固定化された時代，人間の社会階級や所属するコミュニティを想像してみる。18世紀以前の世界を考えるとシンプルだ。こういった世界では人間はその人の着る衣服の組み合わせ，振る舞いからかなりの精度でその人の所属する階級やコミュニティが判別できた。

　衣服からは何を読み取ることができるだろうか。まず，服に付随する記号や色や形状などによってその人の職業あるいは所属を判断することができる。希少な素材，あるいは構造の複雑性から生産にかかったコストを想像できる。その服を着用するのに必要とされる労力（実際に一人では着ることができない，着用に労力の居る衣服も過去には存在した）から，着用者に使用人がどの程度いるかなどもわかる。もしその服が特定の地域や場所において作ったものとわかる印があれば，少なくとも着用者はその場へ行った事実もわかるだろう。衣服は日常における人の行動パターンの一部を表し，結果的に社会の中でのどの階級に所属するかというスコープが定まっていく。外見という「表層」はある程度人間を表している。

　人や階級の流動性の低く，行動パターンが法律に近い暗黙の制度

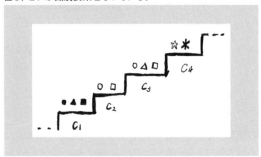

[**図5-1**]階段状の階級の図，それぞれの階級に固有の要素が存在し，これが識別要素となっている。

で限定されていた時代には，装いは各コミュニティにおける「制服（ユニフォーム）」であった。それは社会制度が視覚化されたものであり，ファッションの言語的な現象の側面を考慮すれば，これはソシュール的な意味で「ラング（langue）」を構成する。

　固定化された社会では社会の層が階段状となっている。これを捉えるイメージはポン・ジュノ監督の作品『スノーピアサー』に描かれている。この作品では，破滅して低温下した地球環境から身を守るために列車に乗り込んだ人たちが描かれている。列車の車両間のドアの間で，衣服や食事，娯楽に至るまで乗客の階級は明確に分けられている。車両の住人の着ている衣服を見ればその人物が何等車に乗っているか一目でわかる。

　しかし，実際には人の所属や状態を決める要素は単一ではなく複数の要素の組み合わせ「コード（規則）」となる。それは明文化されてはいないルールや慣習を含む。ここで四つの社会階級（コミュニティでも良い），C_1, C_2, C_3, C_4が存在するとしよう［**図5-1**］。人や物の流動性の極

めて低い社会を想定すれば，ある人間hの付帯要素を見れば，$h \in C_1$ということが比較的自明にわかる。これは衣服v自体も$v \in C_1$であるといった事実から類推される。この場合，$v \in C_1 \to h(v) \in C_1$となる。また，衣服だけでなく，話す言葉，振る舞いといったものも階級に付帯する。しかし，ある衣服vがもはや階級C_1にのみ所属するものではなく，C_1，C_2，C_3と3つの階級にわたって存在するとする。この場合，$h(v) \in C_1$と衣服だけで人を読み解くのは不可能だ。この場合，衣服の他にもhに付帯する要素をx_1, x_2, x_3, …x_nを取り上げることで$h(v, x_1, x_2, x_3, …, x_n) \in C_2$と我々は個を認識していく[4]。実際，我々は$(v_1, a, b), (v_2, c, d)$の組み合わせは$C_1$のものであり，$(v_1, c, d), (v_2, a, b)$の組み合わせであれば$C_2$であるといった一つの要素ではなく複数の要素が絡み合うコードによって物事を判断している[5]。

脚注

(4)————階級が極端に固定化された社会では，判断要素は少なくて済み，vのみで十分とも言える。ここでは単に「階級を判断する」ということにのみフォーカスを当てている。人間社会の構造をある部分で切断して階級Cの族に置き換える行為をいま考えている。これは別の枠組みで考えても議論は変わらない。しかし，ファッションにおいては「階級」が大きな意味をなしている。多少，数理的な話をすれば人間を多数のパラメーターで表象することを試みると，hはh$(x_1, x_2, x_3, …, x_n)$というベクトルの集合に置き換えられる。「判断をする（あるいは認知するでも構わない）」という行為はhにノルムを入れることと考えたら良い。ここに一つのノルムを入れることは人をその要素を尺度として量り取ることに等しい。つまり$\|h\|$が一定の領域$a < \|h\| < b$に収まっていればおそらく，その人間は$h \in C_1$に存在するものとみなすことができる。後述するがロラン・バルトがモードの体系と彼のインタビューからは，数理的に帰着させる意図は別として，これをダイナミックなレベルで構成したいという意思を感じる。理論としては実現していないがインターネット上では人間がこのような形で評価されていることは指摘しておく。

余談だが，元CIA職員のジョー・ワイズバーグが描いたTVドラマの『ジ・アメリカンズ』(2013) ではレーガン政権時代にアメリカのワシントンDCに潜伏する，旧ソ連のスパイの家族の様子を描かれている。登場人物のエリザベス (本名 ナデージダ) とフィリップ (本名 ミーシャ) は旅行代理店を経営する夫婦を装って生活をしているが，アメリカ人であることを装うためにファッション，ポップカルチャー，古典的な教養，言葉遣いなど考えられるありとあらゆる要素を偽装し，自身の子ども達も彼らがソ連人であることを知らない。ファッションにおいて，衣服以外のあらゆる要素が個を構成する要素の一つであることを我々は知っているがこの作品はそれを上手く描写している[6]。登場人物のFBI捜査官が彼らに感じる違和感は，偽装しても隠しきれない部分であり，行動や振る舞いといった機微の現れである。

　数学では，時間の経過とともに状態が変化するシステムのことを力学系 (dynamical system) という。ファッションは，いわば人間の装いと振る舞いの力学系である。ファッションという言葉は社会と人の関係性・相互作用の振る舞いまでを含めた意味を内包している。これを単に流

脚注

(5)──── 例えとしてはTwitter上でドナルド・トランプとジョー・バイデンを両方フォローしていているアカウントが，どちらを支持している傾向があるかは他に何をフォローしているかによってわかるだろう。後述するがデータの世界もファッションに包含される。

(6)──── ある物事にたいして「場違い」，「違和感」があるといった場合この組み合わせにエラーが起きている。そのエラーを極小化するために，スパイの夫婦は，社会に対してキャッチアップを続けている。後述するがこのエラーがファッションデザインにおいて重要な意味をもたらす。

[図5-2] 識別要素を組み合わせることで判断のスコープが狭まっていく。ただし境界上に一部バグがある。図中で線が切れている所はバグを表す。

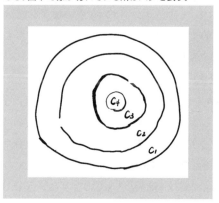

行と言ってしまうのではなく，装いの様相という考えから「様装」として新たな翻訳語をここに提示したい。

---

3 「モードの体系」再考——ヴィトゲンシュタイン的世界像とロラン・バルト

ロラン・バルトの『モードの体系』（バルト，1967）について言及しておく。ロラン・バルトは衣服に言語学的性格がありうると指摘したニコライ・トルベツコイ（1890 ～ 1938）に影響を受け，ファッションを言語学の側面から考察し，その集大成である『モードの体系』を1967年に記した（バルト，2011）。ファッション（様装）を分析する著書として，この論考の完成度は現代の水準として高いものとは言えないと筆者は考えている。当時，彼は議論の破綻を避けるために分析対象を雑誌の上に表象され

[**図5-3**] ファッションの現象は世界全体の中の「部分（図中の黒い箇所）」である。それと特定の形で表象して我々は捉えている。図において右は一つの表象を表す。

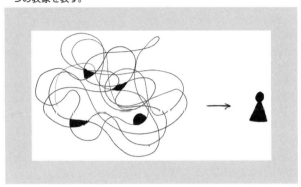

たファッションへと限定した。ファッション誌に掲載される写真のイメージ，キャプションやコピーとその組み合わせの言語的性質を分析対象としたのである。これについて当時，批判を受けているのだが彼の弁明を引用しておきたい。

「わたしが書かれた記述に限定したのは，方法論と社会学の2つの理由からなのです。……（中略）……イメージから書かれた記述へ，さらにこの記述から再び街中に移行して，この眼で確認できる観察へと無差別に移行していては，精密な分析など不可能だったのです。記号学のやりかたは，ある対象を要素に分割し，これらの要素を形式的な一般的等級に分類して再配分する事ですから，できるかぎり純粋で均質的な素材を選ぶ方が有利だったのです……」（バルト, 2013）[7]

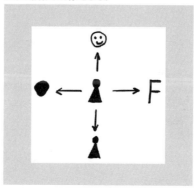

[図5-4] 可視化・ 認識可能な形に変形された
ファッションは現象としてのファッションを様々
な形に投影した像となる。

　まず議論の行き詰まりの原因は雑誌の誌面に掲載されたイメージと
言葉の関係性を分析することから，社会現象であるファッションの構造
を抜き取れるかどうかが保証されていないからである[8]。

　さて，ファッションイメージの言語からファッションを読み解く試みは，
実はヴィトゲンシュタインの論理哲学論考の世界像に通じるものがあ
る。ヴィトゲンシュタインの論理哲学論考（ヴィトゲンシュタイン, 2003）は
「一. 世界は成立していることがらの総体である。　一・一. 世界は
事実の総体であり，ものの総体ではない」という命題から始まっている。
世界をWとすると，これは成立している事実Eを無限に集めることで構

脚注

(7)―――――（Barthes, 2013）p.1312にある。

成できる[9]。

$$W = E_1 \cup E_2 \cup E_3 \cdots \cup E_\infty$$

また，論考の命題二・一以降はわれわれの現実から，「像」が作られることについて言及される。「世界 $W \rightarrow D(W)$」という像 D を考えよう。これは世界を「ある形」で表現したものだが，ここには任意の表現方法がある。しかし，逆に $D(W) \rightarrow W$ のように「ある形」から世界を復元できるかどうかは保証されない[10]。ロラン・バルトの論考は，ファッションとい

脚注

(8)——— ファッションの現象をFとする，紙面上に書かれたイメージI，衣服の組み合わせのコード全体Gと言語Lとする。このとき，「(I, G, L) の組み合わせ全体」⇔ Fという同型はどこにも保証されていない。(I,G,L) の組み合わせによって表象されうる事象全体はFから生まれているわけだから，それがFよりも小さいことは自明だ。小さいものを分析して，大域的に拡大したときに同型かどうかは定かではない。バルトの議論は筆者の理解する限りではこうである。誌面におけるイメージの集合をIとする。それぞれのイメージ$i \in I$ に付随する言語表現の集合l_iとしよう。かなり大雑把に言えば，バルトの研究はIの要素であるi_1とi_2をl_1とl_2の関連性によって評価することである。しかし，上述したように(I,G,L)が世界と同型かどうかは保証されていない。後述するが，巨大な数の画像ファイルとそれに関連する言語表現を特定の自然言語処理によって評価すれば「モードの体系」が見える可能性があるし，それはGoogleや百度といった企業が画像分析や自然言語処理を通してイメージと言語表現の同型対応を行っているものに近いかもしれない。

(9)——— ヴィトゲンシュタインにおける事実は成立している事実のことである。また「事態」という言葉も定義される。これは可能性として論理的に起こりうる物事のことである。

(10)——— 論考の4・012 – 4・013では復元される例として，音楽が例に挙げられる。レコード盤，楽曲の思考，楽譜，音波はそれぞれ像の関係で結ばれる。論理的構造の共通性から，作曲家は総譜から交響曲を，レコード盤から交響曲を引き出し，交響曲を聴いた人は総譜を導き出すことができるという関係性がある。

[**図5-5**]像の復元について図。像から元の現象を完全に復元することは難しい。

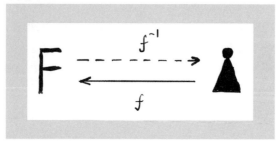

う現象を，雑誌という像Mに移された像M(W) の中の言語的な論理構造から考える試みである。そしてM (W) →Wという復元については考慮されていない。

　バルトの分析は階級構造が固定化された世界では機能しただろう。衣服の多様性，ものの移動や価値のボラティリティの低い中では，言

脚注

(11)―――――ある時点で世界に存在する衣服の数をnとして三つの衣服を同時に着用するとする。一つのスタイリングで例えば三つの衣服が組み合わされるとすれば，その数は$n_{C_3}=n(n-1)(n-2)/3!$の組み合わせとなる。また衣服(a,b,c)の組み合わせについて言及しうるシニフィエ（表象）の数をs(a,b,c)としよう。衣服の組み合わせ全体とシニフィエの組み合わせの総数Nは$N = \frac{n(n-1)(n-2)}{3!} \sum_{i=0}^{n} \sum_{j=0}^{n} \sum_{k=0}^{n} s(i,j,k)$となる。当然ながら衣服が増えるほどNの数は増大化していく。Nはファッションの複雑性を表す尺度として捉えてもよい。これは衣服だけでも天文学的な数になるが，本来は言葉，場所，食べるもの，聴いている音楽，ソーシャルメディアでの活動，読んでいる本，年齢，慎重，肌の色といったものの組み合わせに対してシニフィエが存在する。ロラン・バルトがモードの体系で行ったような分析を手作業で行い続けるのは困難であることは自明である。

語と衣服，様装の相関関係は限られているからだ[11]。バルトを弁護するならば，モデル化によって語ることができなかった事象や，破綻する部分をあぶり出すこと自体が，モデル化の意味である。その事実はここに述べておきたいと思う。

4　　時間概念の導入

　ファッションには時間の概念が入っていることを忘れてはならない。バルトの記号分析の消化不良の原因は，そこに時間の概念が欠けていることだ。動的な現象は，ある期間における考察だけで捉えきることは不可能だ。雑誌というメディアは一定期間の表象の群をサンプリングにしたにすぎない。衣服の種類，言葉，イメージの組み合わせは時間とともに増加する。実はこの時間による社会の変動を記号論で取り込むことの困難さが，ファッション理論を構築する上での限界を作っている[12]。

　極端な例を挙げると，"MAKE AMERICA GREAT AGAIN"という記号の意味は，ロナルド・レーガン時代の1980年とドナルド・トランプ政権誕生の2016年では異なるし，「赤」の意味も冷戦時代とそれ以後

脚注

(12)——— これは磯崎新がプロセスプランニングの文脈で述べた，着工した時点で都市と現実が常に変わり続けてしまう都市計画のジレンマについて述べているものに近い。I, G, Lの集合それぞれは時間に対して単調に増加していき，ファッションの複雑性は増大する$N(t) < N(t+1)$。

では異なる。衣服，記号が示す意味は時間によって変遷する。

　時間とともに変化するのは物質の数だけではなない，人間の振る舞い，習慣，文化的嗜好の意味も時間によって変わる。我々は経験的に，数十年前にはあるコミュニティ特有のものであった要素が，現在では別のコミュニティの要素になるケースを知っている。例えば，70年代にサウスブロンクスで生まれたヒップホップミュージックは現代ではアフリカ系アメリカ人だけではなく幅広い世代や人種に親しみをもって受け入れられ受容されているが，そのスタイルは当時はコミュニティのコードを形成していた。能楽や茶はかつて特定の社会階級によって独占的に嗜好された希少性のある文化だったが，現代ではそれによって人を判断することは難しい。

　ある対象の希少性はそれが希少であり階級間でほぼ独占されていれば，それは階級間のバリアを形成する。しかし，その要素が社会の中で流動し始めるとバリアの意味を次第になさなくなっていく。物事の希少性が失われることで，階級は徐々に階段状のものから連続的なスロープになっていくというのは社会法則である⁽¹³⁾（**図5-6**を参照）。

脚注

(13)──────── ちなみにこういった世界像は一部，（鈴木, 2022）でも挙げられている。彼は価値伝搬貨幣，分人民主主義といったコンセプトにより境界をなめらかにする態度を示している。

[**図5-6**]事物が流動化することで，階級上のバリアはなめらかになる。コミュニティの壁を作るのは事物の希少性や，外部からはわからない難読なコードをどれだけ保有できるかである[(14)]。

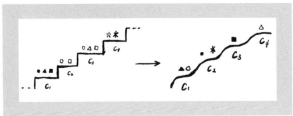

5 　　　像を動的にする様装の設計——コード設計としてのファッションデザイン

　ファッションに「様装」という言葉を与えたことで，改めてファッションデザインについて考察しよう。建築において建造物が，衣服に対応するものだとすれば，磯崎や荒川が議論したように広い射程の建築行為に対応するアナロジーとしてファッションデザインを考えたい。これは衣服を作ることではなく，人のダイナミクスを作ることを射程に入れたプロセスプランニングである。

　人間をその人間に付帯する要素の表層上の組み合わせから読み解くことができる我々の世界において，組み合わせコードを新たに作ることで社会に動きを作れないだろうか。社会的コードは，人と人との間に介在する暗黙の空気や人間同士の相互作用の過程で動的に生成

脚注

(14)——— フリーメイソンのような秘密結社，あるいは米国のアイビーリーグに存在するクラブのようなものは一つの好例。

され変化していく。階級やコミュニティのバリアが固定化している状態を，流動化させ，別の形式で固定化を試みることはできないだろうか[15]。

　一つ例を挙げる。孤児であったシャネルは，社会階級では末端出身だったが，自分よりも上の階級の人間を顧客対象とした帽子を作り始めたことでキャリアを開始し，スペイン風邪のパンデミック後に頭角を現す。彼女のデザインについては，いつも女性の解放という側面について言及される。しかし，下着に使われるような素材，フェイクパールといった素材を使って提案されたデザインを生み出し，それを富裕層へ販売していたことを考えると，それは階級の流動化を物とスタイルの流動化を引き起こすことによる，ヒエラルキーの混沌化がテーマだったとも言えなくもない。本来はある階級，コミュニティに属するものを，

脚注

(15)——— 要素の組み合わせ(v,e,x)に対して，(t,v,e,x)として時間tの概念が入る。時間が生むダイナミックな動きがファッションの本質的意味を形作る。(t,v,e,x)の変遷のパターンに周期的な法則が見えてくるとそれを「流行」と呼びたくなる気持ちはわからなくはないが，どちらかというとその動きそのものをファッション（様装）と定義するべきではないか。ここでtは時間，vは衣服。eは環境，xはその他の要素を意味している。

(16)——— 集合論の言葉で整理するとわかりやすい。ある人間集団の集合Hとしよう，その中の人間を$h_1,h_2,\cdots,h_n$と並べる。この集合のそれぞれのhの間にはなにかしたら距離dを定義しよう。dは任意で，例えばその人の住む場所と京都御所からの距離などで良い。これによって，人間と距離のペアから距離空間(H, d)を作ることができる。さて，人間社会には様々尺度が存在するから，別の距離構造d_{new}を入れることで，集合の中のヒエラルキーは変わる。この距離構造dを新しく構成するのがファッションデザインの一つの機能だが，さらに付け加えると距離構造よりも，より抽象的な位相構造を入れることがファッションデザインであり，その位相空間のダイナミクスが「ファッション＝様装」であると筆者は考えている。

[**図5-7**]Aの他に，B，Cというコミュニティが新たに生まれたとしよう。それぞれのコミュニティには階級 C_1^A〜C_n^A が存在する。ある階級C_n^Aに存在するものと，別のコミュニティの別の階級C_n^Bの比較にはコードの「翻訳」が必要になる。新しいコミュニティにとっては古いコミュニティの上位階級を下に並び替えることがインセンティブとなる[18]

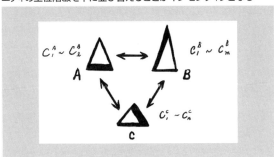

複数の階級に跨がらせること，階級と対になっていた装いのコードを崩していくデザインの提案は，社会のダイナミクスを揺さぶる。また固定化した既存のヒエラルキーの外に，新たなるコミュニティを作り，コミュニティそれぞれに新しい序列を作ることで，既存のヒエラルキーとの比較を難解化するのもファッションデザインの力だ[16]。

脚注

(17)——— 奇しくも"Fashionable Nonsense"というのはソーカル事件のアラン・ソーカルによるフランス現代思想批判書のタイトルだが，米国社会においていかにフランス現代思想が「コード」として利用されてきたかが，『フレンチセオリー　アメリカにおける現代思想』フランソワ・キュセによって書かれている。参考図書として挙げておきたい。また，アラン・ジョーンズらによる『アート・ディーラー—現代美術を動かす人々』では現代美術が，新しいコミュニティ生成をどのように促してきたか，アートを所有することのファッション性を読み取れる良書。

(18)——— マルクスは全ての争いは階級闘争，と言ったがシャネルの試みは階級のハッキングだったと筆者は考えている。

そしてファッションは衣服という「もの」にとどまらない。「もの」の記号的意味合いが強かった時代，オブジェクトのデザインは強力的な意味を持っていた。しかし実際は，知識や思想といったものもファッション（様装）になりうる。近年の中で挙げられる実例としては，1970年に爆発的にアメリカで流行したフランスの現代思想や戦後の現代美術だろう[17]。

　ファッションのイノベーションはまだ実現していないコードの組み合わせを提示することで，つまり記号論的に言うなら，パロールを複数生み出し，ラングを書き換えることによって生まれてきた。造形の意味ではバレンシアガ，ディオールやシャネルといった時代から，コム デ ギャルソンやマルタン・マルジェラらによる現代ファッションの転回を経て，身体を土台とする衣服の様式は既に出尽くしたのではないか言われ続けている。実際，多くのスタイルが生まれ，それは社会のシーンと結びつき，制服化し，最終的には新たなカテゴリーとして回収されてきた。ファッション・デザインの創造物は，メディア，ブティック，百貨店の区画，オンラインショップでの商品分類というカテゴリへ像として投影され，新たなボキャブラリーとしてファッションという言語の辞書に収録されているのだ[19]。

脚注

(19)――――固定化された既存のカテゴリー（パンク，アヴァンギャルド，……）といったものを
X軸上に刻み，Y軸上に商品やイメージの価格帯をとった座標平面のようなもの
になっているのがファッションのビジネスにおける現実である。デザインが生ま
れると市場原理によってその空間上の何処かにプロットされることになる。これ
まで分類不可能な平面上の未着陸地点に降り立つことが新しいスタイルの創造
として捉えられてきた。

[図5-8] 世界に対して，操作Pを加えることで現象Aを発展させる操作としてファッション・デザインを考える。システムを摂動するというでは，身体に対する鍼灸治療であったり，都市の設計に近い。

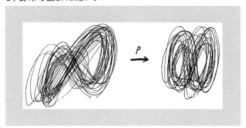

　ファッションの新規性とは何だろうか。それはヴィトゲンシュタイン的な世界像で言えばまだ事実として成立していない可能性の集合（事態）を，現実化することによって，現在のファッションのラングをノイズによって摂動することにほかならない。

　我々は音楽，衣服，アクセサリー，モノといったものに触れ，その構造や美しさや機能，意味について議論している。しかし，時間発展性

脚注

(20)——— この文脈では衣服を作るという狭義にとどまらず，例えば音楽や宗教を作ることもファッションの位置領域と考えられる。ある時刻tの「世界の状態」をA(t)としよう，状態の発展はA($t+\delta t$) = P(t)A(t)というイメージで捉えられる。PはAに対するアクション全体が詰った摂動である。我々の日々の生活，発言，あるいは事故や天変地異も含まれる。何かを作ることで世界に何らかの影響を及ぼすのは，Pの中のある要素を「いじる」ことで，Aの時間発展に影響を与えるということにほかならない。Aの時間発展の「ある傾向」を見ればそれがファッションの文脈で流行というイメージに見えることもあるだろう。

も考慮した上で，本来その物を作ったことによって生まれる未来について考えよう。人はものによって影響され，新たな動きを作る，新たな動きはまた新たなものの誕生を促す。ファッション・デザインは現象の摂動を起こすための「遠い射程のデザイン」なのだ[20]。

6　　環境から生まれる摂動としてのカウンターカルチャー

　現代のファッションではコードの組み合わせ（$t, v, e, l, \cdots$）を考えるとき，衣服vのバリエーションの多様性よりも，社会環境eのウェイトの高いシーンが続いていた[21]。これまで書いてきた文脈を考慮すると，ファッションという現象におけるカウンターカルチャーとは，社会環境のウェイトが高い状況において，新しいコードの組み合わせが生まれ，意味が創発することを指す。コードの生成について一つ，単純な例を挙げたい。"MAKE AMERICA GREAT AGAIN"という言葉が書かれた帽子を被る行為について考えてみる。言葉のリテラルな意味は「アメリカを再び偉大に」という意味でしかない。しかし，ドナルド・トランプ前大統領の存在により，この言葉のリテラルな意味は薄れる。特にこの標

脚注

(21)——— トランプ政権の誕生によってたくさんのカウンターカルチャーが生まれた。この4‐5年の間のそれは反権力としての「サステナビリティ」や「ダイバーシティ」だった。1960年代のカウンターカルチャーと，70年代以降のファッションシーンは，第2次世界大戦後の動乱，ニクソン政権とベトナム戦争，共産主義を掲げる東側社会と西側社会の対立構造と社会不安によって強力なものとなった。

語が書かれた，キャップ，そして赤の表象と組み合わされたとき，政治的にリベラル指向の人々にとっては「アンチダイバーシティ」，「アンチリベラル」のアイコンになったことは周知の事実である。ある像を支える「強い記号」が存在することによって，像本来の意味は強い記号に支配される。トランプ政権時代，「リベラル」，「ダイバーシティ」，「環境保護」，「ジェンダーフリー」といったものへの支持が現状に対するカウンターであり反権力の象徴として扱われたことを覚えている人もいるだろう[22]。社会的な権力は，カウンターの対象であり新たなコードとシニフィエ，シニフィアンを生む触媒である。

7　記号化が加速する社会とファッション

2020年から始まったCOVID‐19のパンデミック以降，世界のデジタル化はより加速している。デジタル化が進む現実を踏まえた中で，いま新たにモードの体系の可能性を再考してみる。現代では人の装い

脚注

(22)——— 本来はロナルド・レーガンが1980年に使った"Let's Make America Great Again"の標語だが，それを記憶していない人は多いだろう。ベトナム戦争後，そして冷戦期の1980年のアメリカにとっては確かに「アメリカを再び偉大に」だったかもしれない。2020年6月，イギリスのDAZED STUDIOが発表したトレンドレポートの"The Era of Monomass"では最も影響力のあるインフルエンサーの一人に，カニエ・ウェストや環境活動家のグレタ・トゥンベリらを抑えてドナルド・トランプが挙げられていた。これに関する議論としては（小石, 2021）を参照。

(23)——— 人間のAでありながらBでもある，といった分人性についての議論は，（鈴木, 2013）を参照されたい。

や行動規範は多様になり，人のコミュニティの境界はより動的である。記号の意味も多義的であり，それらの組み合わせによって生まれる様装のコードが示唆する意味も動的だ。人は時と場所によって複数の顔を持ち始め，分人（dividual）としての人間の確立させている[23]。

　BLACK MIRRORのSeason 3の第1話に登場する「ランク社会（原題：Nosedive)」では社会的スコアが個々人につけられる世界が描かれている。登場人物は日々の立ち振舞によってスコア付けされ，それによって居住可能な場所や海外への渡航の可否など，多くの物事がシステムによって判断される。このデジタル化した世界では，人間の存在は数理的に切り出され処理される。これはある意味では機械的に人間の属性が判断されていた18世紀以前の時代とあまり変わらない。我々はデータのパターンとして再記号化されているのだ。これはファッショナブル・ディストピアの行末だが，作品が生まれた5年後の今，パンデミックを経て現実世界ではこれに近いことが部分的に実行されている。

　バルトが試みた記号論的な分析（あるいは分類）を思い出してもらいたい。雑誌といった限定されたメディアへの像からファッション現象の分析を試みて消化不良に終わった論考を，その分析対象を雑誌にとどまらず，デジタル空間の全てのテキストデータとイメージに広げたらどうだろうか。データは時系列で記録され続けている。ここに時間発展する動的な記号論が生まれれば，デジタルディストピアの中に本当の『モードの体系』が見えてくるだろう。世界の複雑さNが十分大きく，デジタル化するポイントmの数が十分大きいとき，原理的に$D(W) = D(E_1 \cup E_2 \cup E_3 \cdots E_m) \fallingdotseq D(E_1) \cup D(E_2) \cup D(E_3) \cdots \cup D(E_m)$が成立することを仮定できる。（記号の意味はP211を参照）

ファッションの画期的なイノベーションは固定化したルール，固定化した階級といった社会の非流動性が崩れることによって生み出されてきた。ファッションは，自らの意思だけで装いや生き方を選ぶことのできなかった時代，人を記号としてみていた離散的な世界をハックするために生まれた革命装置だった。新しい装いは，社会に存在する暗黙の「コード」とそこに付随する固定化された価値観をハックし，コミュニティの境界を曖昧にしてきたのだった。そしてスタイルに共感する人々を次第に集める事で新しいヒエラルキーを作り出し，時にコミュニティの間を隔絶し，あるいは接続することでイノベーションが生まれてきた。

　現代はデジタル化によって離散的だが限りなく連続に近いメッシュで現実が切り込まれつつある。誰もが衣服や生き方をある程度選択できるようになった時代，新しいファッションのイノベーションは何だろうか。それは機械的に計算されるようになった現実をあえて計算不可能にハッキングする行為。デジタル化された世界の像 D (W) が世界と認識されるシミュレーションの世界が来れば，世界を投影するデジタル化の新たな像 D' を作り出すことも一つのデザインだろう[24]。また，既存のファッションの枠組みによってファッションのコード列（x_1, x_2, …, x_n）を生成し，新しいデジタル化 D" という像の生成を促すことも一つの

脚注

(24)——— この意味では Instagram，微博といったメディア自体が新たなファッションデザインだったと言っても過言ではない。

(25)——— 梅棹忠夫は昔，宗教のウィルス説を唱えた。ファッションの宗教的な側面を考えれば，ウィルスを作る，という発送から革新的なものが生まれるかもしれない。この論点については過去に拙著(小石，2016)でも述べている。

デザインに違いない[25]。

You live wherever you live, you do whatever work you do, you talk however you talk, you eat whatever you eat, you wear whatever clothes you wear, you look at whatever images you see... YOU'RE LIVING HOWEVER YOU CAN, YOU ARE WHOEVER YOU ARE.

"Identity"... of a person, of a thing, of a place, "Identity". The word itself gives me shivers. It rings o calm, comfort, contentedness. What is it, identity？ To know where you belong？ To know your self worth？ To know who you are？ How do you recognize identity？ We are creating an image of ourselves, we are attempting to resemble this image... The accord between the image we have created of ourselves and... ourselves？

Just who is that, "ourselves"？ We live in the cities. The cities live in us... time passes. We move from one city to another, from one country to another. We change languages, we change habits, we change opinions, we change clothes, we change everything. Everything changes. And fast. Images above all.

1989年，ヴィム・ヴェンダースが，山本耀司をフィーチャーして撮影した『都市とモードのビデオノート』(Wenders, 1989) の冒頭でこの言葉を呟いている。ファッションは衣服や流行にとどまらず，人の「装い」の「有様」の移り変わりとその表現という，もっと大きな社会の様相 (ダイナミクス) なのである。我々のアイデンティティは，個人の外へ，そして社会に滲み出している。個人と社会との相関関係性がアイデンティティを支え，それが新たな像 (シニフィエとシニフィアン) を無限に生み出し続ける。

このテキストは未だ翻訳語をもたなかった「ファッション」に対して「様装」という「像」を与えることを目的に書いたことを再度ここに述べ，その発展を期待して筆を置きたいと思う。

謝辞

脚注の計算について，江本伸悟氏（松葉舎）にいくつかフィードバックを頂いた。この場にて感謝したい。

引用・参考文献

荒川修作・磯崎新／中村敬治［司会］（1989）「新しい日本の風景を建設し，常識を変え，日常の生活空間を創りだすために──荒川修作／マドリン・ギンズ展」〈https://hive.ntticc.or.jp/contents/artist_talk/19980306（最終確認日：2021年9月16日）〉

磯崎新(1971)『空間へ──根源へと遡行する思考』鹿島出版会

磯崎新・日埜直彦(2014)『磯崎新Interviews』LIXIL出版

ヴィトゲンシュタイン，L／野矢茂樹［訳］（2003）『論理哲学論考』岩波書店

キュセ，F／桑田光平・鈴木哲平・畠山達・本田貴久［訳］（2010）『フレンチセオリー──アメリカにおける現代思想』NTT出版

小石祐介（2016）「ファッション，離散化される人間の様装」『ÉKRITS』10月20日〈https://ekrits.jp/2016/10/2148/（最終確認日：2021年9月16日）〉

小石裕介(2019)「DOVER STREET MARKET NEW YORKと荒川修作＋マドリン・ギンズ」『22世紀の荒川修作＋マドリン・ギンズ──天命反転する経験と身体』三村尚彦（著，編集），門林岳史（著，編集），ほかフィルムアート社

小石祐介（2021）「ACTION TO TAKE NEXT　非西欧圏から見えるモードの次なる風景」『Harper's BAZAAR』2021年3月号，ハースト婦人画報社

鈴木健(2022)『なめらかな社会とその敵─PICSY・分人民主主義・構成的社会契約論』ちくま学芸文庫

ディ・コペット，L＆ジョーンズ，A／木下 哲夫［訳］『アート・ディーラー──現代美術を動かす人々』PARCO PICTURE BACKS

バルト，R／佐藤信夫［訳］（1972）『モードの体系──その言語表現による記号学的分析』

みすず書房

バルト, R ／山田登世子［監訳］（2011）『モード論集』筑摩書房

Barthes, R.(2002). *ROLAND BARTHES Œuvres completes II* 1962-1967. Paris: Éditions du Seuil.

DAZED(2020). *The Era of Monomass.*〈https：//dazed.studio/monomass/（最終確認日：2021 年9月16日）〉

Notebook on Cities and Clothes(1989). Directed by Wenders, W.［Firm］. London: Axiom Films.

生命・身体・社会へ
——境界を問うアートの新地平

森永邦彦

シャルロッテ・クロレッケ

岩崎秀雄

シューリー・チェン

聞き手：四方幸子

本章は明治大学情報コミュニケーション学部ジェンダーセンター開設10周年記念シンポジウム「デジタル社会の多様性と創造性」をもとにまとめたものである。

　四方　近年の科学技術の進展と日常への浸透は，アートの表現を私たちの身体，そして社会へと拡張してきました。アートは領域を横断して，思考と実践を往還する批評としての行為といえます。本日は，身体，ファッション，生命科学，ジェンダーなど境界横断的な活動をされる方々にご登壇いただき，アートの新たな地平について討議いたします。

「ANREALAGE（アンリアレイジ）の挑戦」

　森永　ANREALAGEというブランドで，境界を超えていくというテーマに挑戦しています。サイエンス・テクノロジー，センサリングのテクノロジーとファッションを合わせたもの，そしてバイオテクノロジーから一つずつ紹介します。

　一つめは，ファッションにおける視覚とりわけ色についてです。この洋服は肉眼では真っ白に見えますが，フォトクロミックという色素分子を糸の中に入れており，太陽と同じ成分の光が当たると白からカーキ色に変わっていきます。外に出るとカーキになり，室内では白に戻る仕組みです。

　「環世界(Umwelt)」という概念があります。例えば光の波長を感受できる目の機能が違っていて，人間が白と見ている同じものが，アゲハチョウにはカラフルであったりします。そのように洋服の色を相対的にとらえていて，白に見えたものを波長を屈折させてカーキに見せたり，紫外線によって白が青に変わったりと環境が服の色を決めるのです。

フォトクロミックでは，光が当たらない影の部分は色が変わらないので，洋服のどこに影が出ているかが知覚できます。人が重なり合った時の影も視覚化されます。

　次に「Garment/Mobility」というタイトルで，洋服の知覚について話します。盲目の方がどのようにファッションを感じているかについてのプロジェクトで，全盲の檜山晃さんとの対話から始まりました。どのように洋服を選んでいるのかと聞くと，テキスタイルで，触覚に全部情報と記憶がインプットされているとのことです。

　彼らは，白杖を持って世界を認知する以外に，「エコーロケーション」といって口の中で鳴らす音の反響を知覚しながら自転車に乗ったり，歩くことができる。そういう機能を人の体に備わせることができないかというプロジェクトがechoです（「ダイアログ・イン・ザ・ダーク」の檜山晃，Rhizomatiks Researchの真鍋大度，石橋素と2017-18年に共同開発）。洋服に付けられたセンサーが空間の距離を測って，体に振動でフィードバックされる。振動のリズムや強弱を覚えれば，誰でも体がどのくらいの位置にいるかをある程度知覚できるウエアです。これは身体器官としての洋服というファッションのあり方です。今後白杖で音を鳴らすなど，echo機能にアダプトするような空間設計が生まれたり，新しいモビリティが可能になるかもしれません。

　もう一つが生分解の洋服です。ファッションでもサステイナブルが重視されていて，バクテリアが好むトウモロコシのデンプン，PLA（ポリ乳酸）から糸を作りました。バクテリアが好む糸と好まない糸で洋服を作って土の中に埋め，今年の夏一カ月の間，70度の高温環境で毎日水を与えました。掘り起こすと穴が開いていたのですが，バクテリアが洋服のデンプン質の糸を食べて土に戻った部分です。

「境界をめぐる作業―― 21世紀のフェミニスト・カルチュラル・スタディーズ」

クロレッケ　極低温が，アートや人間の体にどのような影響を与えていくかについて話します。フェミニストの研究とカルチュラルスタディーズがあいまって，フェミニスト・カルチュラルスタディーズへと進んできました。「カルチュラル・イマジナリー（cultural imaginary）」という用語が，カルチュラルスタディーズやフェミニストの学者によって幻想的なイメージと散漫な形態による交差点とされてきました。つまり集団的なアイデンティティ形成の参照となっている，とオランダのJ・ファン・ダイクは述べています。

　次に人工的な冷たさというものが，アート，科学においていかなる影響を及ぼすか，生と死，若さと老いをどのように再定義していくかということを問いたいと思います。人体の冷蔵術，冷凍術に使われる場合には，摂氏マイナス196度ほどになります。アート，ポピュラーカルチャー，そしてビジネスにおいて，どのような形で極低温が表現されているのかを例を挙げて紹介しましょう。

　（写真を見せながら）この画像はシンプソンファミリーで，ホーマーさんのお父さんが米国スプリングフィールドの施設で冷凍されています。お父さんは不治の病に冒されているので，老人ホームに入れるよりこのほうが安上がりだ，とホーマーが説明しています。ここでは不安や想像力など文化的な側面が示されています。（凍った花などの写真を見せて）アーティストによるこれらの写真は，凍らせることでさまざまな効果が発現し，溶けることでどうなるかを見せています。極低温がメディアの諸領域に新たな境地を開いているのです。

　凍結療法はマイナス110度からマイナス190度で行います。美的観点から，老化した体を若返らせることができるわけです。一気に若返ることができますが，一時的なものでしかありません。人体冷凍の方

法では，亡くなってしまった方を復活させたり寿命を延ばすことができます。極低温によって，生物学的な時計をいったん止めることができるわけです。このように人工的な冷たさは多くの可能性を秘めています。

日本には体の冷凍保存法を行っている日本トランスライフ協会がありますが，米国のミシガン州とアリゾナ州にも同じような組織があります。彼らはガラス化という手法を使って人間の体全体もしくは頭だけ，もしくはペットを保存したりよみがえらせる活動を行っています。

フェミニスト・カルチュラルスタディーズの分析によれば，この冷凍法によっていろいろな試みが行われつつあります。たとえば健康でフレッシュでホモセクシャルではない異性愛の，魅力的で若い体が蘇るわけです。その対極にあるのが不健康で疲れていたり死んでしまった肉体ですが，それらにも新しい可能性が与えられます。

人工的に冷たさを加えることが美的もしくは修辞学的な観点から見て，現在説得力を持ちつつあるということ，また単なる救済ではなくて，保存もしくは健康増進の技術と次第に見なされつつあるというのが一次的な結論です。

「クラインの壺を生きるための芸術：生命の臨界をめぐって」

岩崎 生物学者兼アーティストとして，生命に関して科学と芸術を行き来する活動を行っています。自然科学にとっては，森羅万象が解析対象です。その中に人間もいるので，人間も自然科学の対象になります。例えば神経活動や認知科学の対象として，アートを探求することもできます。一方，「芸術」という言葉はアルス（ars）が語源で，テクネ（techne）つまり技術のことです。もともとは人間の精神活動も含む，行為の総体のようなものがアートだと考えられるわけです。人間の営みには，サ

イエンスも含まれます。つまりアルスの一部のサイエンスが森羅万象を対象にして，その中にヒューマンがあり，その中にアートがあり，といった調子で，互いが互いを包摂するような形になっているわけです。これはクラインの壺に似ています。

　科学をやっているうちにそれが反転して，一見科学ではないと思われるような芸術の活動になり，それがまた科学に反転してくる。必ずしも共存しているわけではなく，まさに境界を行ったり来たりするような，ある意味クラインの壺的な活動を行ってきたので，そのいくつかを紹介します。

　一つめは，プラットフォームです。2005年に早稲田大学に生物学の研究室を設けています。生命がどのように芸術で表象され，科学で解析されるのかに興味があったので，アーティストやデザイナーにラボを使ってもらうmetaPhorestを2007年に開始しました。

　二つめは「Culturing＜Paper＞cut」というプロジェクトです。科学者にとって世に出すプロダクトである論文を，脱構築して別のものに変えていくものです。科学論文は客観的でなければと言われますが，生物学では，例えばinterestinglyなど主観的な表現が結構あります。この文化様式をアーティスティックに考えようとしたのです。生物学者としてはシアノバクテリアの体内時計の研究などをしています。（映像を見せながら）ここでは『サイエンス』に出した論文を，三つのルールで切り刻んでいきます。僕は切り絵作家でもあるのですが，客観的でないように思われる記述をどんどん切っていきます。一方，論文の図や科学者が描いた図表は，科学者が世界をどのように把握して表現したかを示す視覚芸術文化として切り残していきます。三つめは，ファインアート的に有機的なパターンに沿った切り刻み方をします。こうしてできた切

り絵を，このあたりから怪しくなるのですが，オーブンで加熱したり高圧蒸気滅菌器で滅菌メッキにします。培地の上に，切り刻んで滅菌した論文を乗せ，バクテリアを植え継いでいく。つまりバクテリアが自分のことが書かれた論文の，主観的な部分を食い破って増えていきます。その過程で論文と相互作用するような複雑な模様を作ります。それによって科学とファインアート，バクテリアが共存する，ジェネラティブな環世界が提示されます。

三つめは，《aPrayer：まだ見ぬ　つくられしものたちの慰霊》（茨城県北芸術祭2016，四方がキュレーターを担当）というプロジェクトで，最終的に茨城県の山奥に人工生命と人工細胞の石碑を作りました。現在の科学を駆使しても，人は原始的な細胞一個作れていません。でもいずれは生命を作れるかもしれない，という時代に入ってきています。これは人工的な生命が慰霊されるに値するのか，を問うプロジェクトです。日本の15ほどの研究室を訪ね歩いて人工細胞の亡きがらをもらい，ガラス壺に入れて石碑の下に埋めてあります。人工細胞の生命性について科学者にインタビューをしたのですが，論文には書けない言葉が出てくる。そういうものを引き出すことで，クラインの壺的な構造をつくり出すのです。

ところで，クラインの壺では，外部世界の内部表現と言われるものが互いに組み合わさっているように見えます。たとえば私たちが世界を認識する時には，脳内に世界のひな型が映っているはずです。衣服を身体器官ととらえる森永さんのプロジェクトは，ある意味で外部の内部表現を行うものに見えますが，これが細胞の中にもあるのです。体内時計では，脳の中に「寝なさい」「起きなさい」と指令を出す組織があります。その細胞の中で24時間振動が生成しているのですが，そ

れは私たちが生きる24時間の地球の自転周期を細胞内部に表現していることにほかなりません。概日リズム，体内時計は，地球の自転周期を細胞の中にハッキングしているようなものといえます。

　私たちは，環境を内部に取り込みながら生きているという側面があり，それは環世界やどのように私たちは生きているのかということと関係があります。生きていることと環境との間でも，実はクラインの壺的な構造があるのです。

「生命，身体，社会：境界を超えるアートの新たなフロンティア」
チェン　これまでのお話は生物学に関係していて，人間，環境というテーマが語られてきましたが，私は社会，体制，制度，それによる統制，管理，そのメカニズムについて話します。

　デジタル時代におけるジェンダーとセクシュアリティのアルゴリズムが本日のテーマです。

　イタリアのヴェネチアで，ヴェネチア・ビエンナーレという国際美術展が開催されており，私は台湾の代表として展示しています。展覧会のタイトルは《$3 \times 3 \times 6$》，$9 \, \mathrm{m}^2 (3 \times 3 \, \mathrm{m})$の広さの独房のような個室に監視カメラ6基，という意味です。

　会場のPALAZZO DELLE PRIGIONIは，1589年に造られた刑務所跡で，かつてカサノバも収監されていました。18世紀にジェレミー・ベンサムが構想した「パノプティコン」は360度監視できる装置として有名ですが，本展では，監視カメラを通して現代を監視社会になぞらえています。デジタル・パノプティコンが形成されているといっていいと思います。至るところに設置された監視カメラがデータベースに結び付けられ，皆さんの社会・文化的な情報が追跡可能になり，嗜好など

にまで入り込んでいく。さらにはジェンダーやジェンダーに関する指向性, セクシュアリティまで検知できるようになっています。

ワシントン・ポストの中国に関するレポートをご覧ください。監視カメラが各都市, 村, 道路, それから集合住宅など, あらゆるところに取り付けられている。そしてデータが集積され解析される。交差点では, 車のナンバーが分かってしまう。歩行者もカメラに収められて, 年齢, 性別, 服装などまでとらえられてしまう。

この作品では, デジタル化社会におけるセクシュアリティの問題と監視システムに焦点を当てました。さらにセクシュアリティが原因で, あるいはジェンダーを公にしたために収監された10のケースを扱いました。10の違ったストーリーや判例のリアリティを見つめていく。そしてそこからSF的なイメージを膨らませていき, ジェンダーや歴史的, 性的な統制に対する歴史をひも解いた上で, それらを覆すものとしてこの作品を構想しました。

第一室には監視カメラの代わりに10基のプロジェクターから, 10人のキャラクターが映し出されています。またオリジナルのAppによって世界中からアップロードされた人々のダンスの映像などが, 処理されて時折り挿入されます。第二室には4Kのディスプレイ10台が床に置かれ, 同じ10人に関する10分前後の映像が流れています。もう一つの部屋には, 作品の背後で稼働しているコンピュータ, システムなどが置かれ, 透明化されています。

一つのケース毎にそれぞれのストーリーがありますが, その人だけに当てはまるのではなくて, 多くの人に当てはまるのではと考えました。10人それぞれに, 例えばCasanova X, Sade Xという名前がついています。10人は異なる国と時代にまたがっています。つまり彼らはただ一

人の人ではなく，いろいろな人に当てはまりうるのです。

　10人の犯罪者つまり10人のパーソナリティを，人種，ジェンダーを超えたものとして描きました。Casanova Xを演じたのは，ベルリン在住の台湾系米国人です。性的行為が原因で32年間収監されたサド公爵は，女性が演じています。これらの人物を描くに当たって，アーティストとして，彼らの罪状が実際にその通りだったのか，収監されるべきだったのかを判断する法的，学術的な知識は持たないため，そこには言及していません。ただあまり暗いイメージにならないよう，性の喜びといったものに焦点を当てました。

　展覧会のWebサイトでは，顔認識やデータベースの仕組みを見ていただけます。この作品を通して，私たちはデジタルで監視された社会からどうやって逃れることができるか，そして個人としてどのように威厳をもって，性の喜びなどを享受して生きていけるかを皆さんにお考えいただければと思います。

討論

四方　デジタルテクノロジーとバイオテクノロジーがほぼ同時期に発展し，それらがコードとして関係を持つ現在の状況を皆さん反映されています。チェンさんはデジタル監視の問題を通して，西洋近代的なシステムからどのように逃れられるかという問題を提示していますが，これは最初の三人の方とも共通していると思います。

　森永さんがユクスキュルの「環世界」に言及されましたが，そこでは多様性という問題が出てきている。人間も一様ではないし，人間以外の存在も含め，それぞれが絡まり合った世界を考えていく時代だと思います。森永さん，たとえば生分解の服ですが，デザインや機能の側

面で既存のファッションのあり方を脱構築している側面も感じるのですが。

森永　環境とファッションは相互関係にあると思っています。生分解も，チェンさんのデジタル監視の問題も同様です。ファッションは，寒さを含め何かから身を守る要素があります。それが今ならプライバシーの問題に直結してくると思います。たとえばマスクなど顔認識をさせないようなファッションやOne Pixel Attackのように帽子から赤外線が出ていたら認識されなくなりますし，時代時代で人の体と環境との間にある媒体としての洋服の役割は変化します。そのうちの一つが生分解のものであったり，プライバシーの問題であると感じました。

四方　森永さんは，シーズンを基盤に成り立つマーケットと実験的な要素の両面を稀に見る形で相互循環させているように思えます。

森永　洋服を売ってブランドをサステイナブルに続けることと，ファッションを拡張する実験的なことを試しています。

四方　岩崎さんは，森永さんの姿勢と近いと思います。岩崎さんは科学者でありながら，科学から逸脱してしまうような側面へと入ることで，クラインの壺的なものを提示しています。作品でも言及された日本の科学界における実験動物の慰霊という慣習は，矛盾を持つ存在として人間を捉えつつそこに可能性を見ている気もします。プロジェクトでは，結構過激なことをやっていますよね。

岩崎　自分の論文を切り刻むというのはサドかマゾかよく分からない行為ですが，両方であり，脱構築であることは確かです。実は生命についてもそう思っていて，脱人間主義と言いつつも，生命のことを考えることが人間に跳ね返ってくる。それ自体がクラインの壺みたいな構造になっています。人間を構成する多様な要素を，どこまで人間以外のものに見いだせるかという話だと思います。それをサイエンティフィック

にやるのか，アーティスティックにやるのかにはいろいろな道があって，実際に人間はそこに織りなしているものの中に生命と人間を位置付けてきた。そういう矛盾した構造を持つと思います。

四方　人間も自然の一部ですが，自然を対象化できるという二重の存在である。けれども，近代以降はそれを一元化しようとしていたと思います。クロレッケさん，提起された人工的な冷たさという問題は，時間的にも状態的にも変化することを止めるということですよね。人工的なものと，人間や自然にある変化や劣化とのせめぎ合いをどう考えますか。

クロレッケ　冷凍技術では，人間自体を保存するということを扱っています。現代のテクノロジーでいえば，女性の胎児，卵子とかの生殖関係の細胞の保存のために使われています。体の持つ機能を生殖機能と相合わせて同期させるということです。人間の欲望をかなえるために，冷凍技術が使われているのです。私が興味を持っているのは，時間を逆に戻すことができるか，老化を止められるかということです。

四方　チェンさん，冷凍技術で人間の身体をコントロールする，フリーズすることと，ご自身が扱っているデジタル監視の問題とは通じると思いますが。

チェン　関係していると思います。クロレッケさんに伺いたいのですが，女性の卵子を凍結させて，女性が労働力として社会に貢献して人生も楽しんだ後で，卵子を使うということをどう考えますか。フェミニズムの問題にも絡むと思います。

クロレッケ　卵子の冷凍は非常に興味深いと思いました。女性の生殖能力には限りがあり，冷凍技術を使うことで女性が望むこと（たとえば冷凍した卵子を同期させる）ができます。同時に規範的なことも考えなくてはいけない。母性を保ちながらどうやって同期をしていくかという，別

の問題にも関わるかと思います。

チェン　私はデジタルによる統制を戦略的にハッキングして壊していって，リプログラミングし，レコーディングすることを試みています。

四方　クロレッケさん以外の三人の方はハッキング的な要素を持っていると思います。見えないものを感知して何かを行い，それによって違和感を覚えさせてくれます。その違和感はカタルシスやliberate，すなわち解放するということに近いと思います。私たちが意識，無意識的に絡め取られている情報社会に対して何かできないかと直観しています。そして直観と思考がつながる境界で，それぞれのハッキングが行われています。

岩崎　デジタルコントロールの話がありましたが，バイオロジカルコントロールも現在非常に大きな問題です。デジタル監視と同様に，DNAレベルで監視をする。あるいはデジタル監視とは違いますが，ハッキング的な技術を使うことでバイオロジカルなものを，知らない間に自分の環境に食品なども含めて提示される場合があり得ます。生物学や生命に関する知識をどのように社会で共有して，自分たちが利用していけるのか。生物学の民主化と呼ばれるものは非常に重要になっているし，それがチェンさんの活動と近いところにあると感じました。

チェン　皆さんのプレゼンテーション，大変興味深く思いました。特に森永さんの「第二の肌」という概念や生分解する服，そして岩崎さんの作品に関する話で論文を切り刻むところがとても素晴らしいと思いました。バイオに関しては，バイオハッキングに関心を持っています。裏表転換の話でしたけれども，リバースをしたいなと常に思っております。それからウイルスですね。ウイルスで感染していくテーマをこれまでなんども作品で扱っています。

クロレッケ　本日は，果たして人間中心の見方が本当にいいのかどうかということをあらためて考えさせていただきました。

四方　私は，オープンサイエンスとオープンアートを提唱しています。民主化という言葉も出ましたが，アートも科学ももっとオープンにしていく必要があります。本日のような機会もその一つだと思っています。

日常，アイデンティティ，メディア
——境界を問うファッションの新地平

アニエス・ロカモラ

小石祐介

門傳昌章

聞き手；高馬京子

本章は明治大学情報コミュニケーション学部ジェンダーセンター開設10周年記念シンポジウム「デジタル社会の多様性と創造性」をもとにまとめたものである。

高馬　デジタル社会の到来前と今とでファッションをめぐりどのような変化が起きたのでしょうか。ファッション研究者であるアニエス・ロカモラさん，門傅昌章さん，そして現場でファッションに携わっている小石祐介さんにそれぞれご意見を伺ったのち，討論していきたいと思います。

「#parisienne：パリジェンヌ像にみるソーシャルメディアの階層化」
ロカモラ　私がお話ししたいことは，皆さんがパリジェンヌと呼んでいるパリの女性が，ソーシャルメディアそれからデジタルメディアで一体どのように捉えられているのかということについてです。

　Instagramおよびデジタルファッションのプラットフォームといった，ソーシャルメディアやデジタルメディアで，パリとパリジェンヌに関して，普段あるいは今までとは違ったビジョンが展開されているということを私は見てきました。またそのメディアの言説には，誰が含まれて，誰が除外されているのかということを特にソーシャルメディアの観点から見てきました。

　ソーシャルメディアで特に重要なものはハッシュタグです。ハッシュタグは，取りも直さずInstagramの機能の１つです。そこでパリもしくはパリの女性がどのように見られ表現されているのかを，社会学の観点から，ハッシュタグを中心に検討しました。もちろんハッシュタグはIDにもなっているため，データをアーカイブして，過去にどんなものがあっ

たのかを知る道しるべにもなるわけです。

　それでは，このInstagramのページで，一体どのようにファッションの「#parisienne」が社会を分類しているかみてみますと，非常に画一的な，同じようなものが並んでいることがわかります。ここからは規範的なファッションの言説がここで語られることがよく分かります。典型的なパリの女性は，若くて痩せていて，とてもかわいくて，しかも白人であって健康的な体を持っています。ハッシュタグでFrench woman（フランスの女性）を検索すると，もちろんそれに沿った写真が出てくるわけなので，フランスの女性が必然的に出てきます。

　フランスの女性「パリジェンヌ」を検索したときに，3人の女性が繰り返し出てきます。それがAnne-Laure Mais, Jeanne Damas, それからSabina Socolという3人の女性です。この3人の女性は白人であって，若くて，痩せていて，しかも異性愛の女性です。ここからはAdenorahやRoujeといった媒体では，女性のMaisとDamasが，ブランドそれからEコマースのプラットフォームのために利用されていることが分かります。

　SNSの中でInstagramは，特にパリの女性を商品化しており，しかも商業的なプラットフォームにもなっているので，まるで宣伝媒体のようになりつつあります。

　ここでもう1つ例を挙げます。2つのブランド，RoujeとMUSIERです。これは先ほど述べた女性2人が立ち上げたブランドです。ここでもまた，若くて白人で，そして痩せていて健康的でかわいいといった条件が登場するのです。

　最後にアルゴリズムについて話します。アルゴリズムの重要性は，ジェンダーの経験・体験を形づくっているという点にあります。社会学などでもそうですけれども，近年アルゴリズムに対する批判をするよう

な研究・文献が登場しています。

　例えば2018年に『アルゴリズムによる偏見』という本を出版した著者がいますが，その著者（女性）が，2010年に，「黒人女性」という語句をGoogleで検索したら，性的なイメージの女性，すなわちポルノ画像がたくさん出てきたと報告しています。このようにアルゴリズムは決して中立的な立場ではなく，偏ったやり方で特定の要素を抽出し，しかもそれにより社会の中に偏ったイメージを構築していくといった存在であることが分かります。

　なお私は，ハッシュタグを自分でも検索してみました。「#paris」「#parisian」をGoogleで見てみると，規範化されたイメージがここでもまた一斉に登場します。すなわち，女性的な画像，若くて白人で，痩せていて健康的といった，先ほどの条件を満たすような女性の画像が出てきます。ここで強調したいのはそのロジックです。ファッションの言説あるいは社会のそれをソーシャルメディアで見る時には，その背後にあるロジック，あるいはアフォーダンスに関して疑問を持ってみることが大切だと思います。

　そうすることでアルゴリズムは標準・規範を形づくって，それを維持するための力となりうる，いや力そのものであるということが言えると思います。アルゴリズムは既に文化的・社会的なテクノロジーです。アルゴリズムの文化的，社会的な構成を理解すること，そしてそれが社会にどのようなインパクトを与えているのかを考えることが大切だと思います。

「離散化する社会と意味の相転移─『正しさ』の変容する時代に」
小石　記号論が好きな人は多いと思いますけれども，時間概念を無

視した記号論には限界があるだろうという話をしたいと思っています。

カフカの『変身』の冒頭に，グレーゴル・ザムザがある朝，悪夢を見て起きたら虫になっていたという話があります。これが現代の記号論的社会ではどういうことかというと，ビートルズが朝起きてiPhoneをチェックしたら，自分が白人至上主義者になっていたみたいな。そういうことが起こりうるという話です。最近，マッシュルームカットがもう白人至上主義のシンボルになっているという状況があったりします。でも，結構笑えない話で，現代では1日でそういうことが起きる。記号の意味は時間発展していくのです。

まず，ファッションとは何かということが結構重要です。みんな，ファッションは，何となく流行だとかいろいろ言います。もっと正確に輪郭をとらえるためにはファッションというのは装いのダイナミクス，ありさまで，「様装」という言葉を使ったほうがいいという話を，5〜6年ぐらい前からしています。

ウィトゲンシュタインが結構面白いことを言っています。『論理哲学論考』の冒頭の「世界とは，ものではなく事実の総体である」という話です。世界というのがあって，ファッションはその事実の総体の中の1つであるわけです。世界は発展していて，うじゃうじゃ動いている。ファッションデザインというのは何かというと，その時間発展をつくるものです。

ファッションの分析といえばロラン・バルトが有名ですが，彼の議論の何が問題だったか。彼が『モードの体系』で話しているのは，こういう話です。革のボタンをツイードのジャケットに付けたら，意味はどうなるかという話です。例えば，シルクのセーターがフォーマルだと。では角襟とシルクのどちらがフォーマルさを支えているかというのを，雑誌

を読んで分析します。つまり，どこが中心にあるような意味を支えているか，エレメントを分類していく。

　例えばシルクの角襟セーターを着て，この格好でジャージを着てディナーパーティーに行くとたぶんアウトだけれども，これはアディダスのジャージなので，アディダスのカンファレンスやパーティーだったらおそらくセーフで，ナイキだったらおそらく駄目ということが起きますよねと。彼はここまで，つまり現実世界との相互作用までを考察した分析はやっていないのです。

　彼が分析対象とした雑誌はファッションを全部表象しないので，時間発展して考えなければならない。どういうことかというと，あるものの意味は，世界全体のコミュニケーションを全部関係させて計算しないと取れませんよねという話なのです。そして，これに時間概念が入ってなければならない。

　ファッションデザインはどういうことをやったかというと，例えばトランプ。「LET'S MAKE AMERICA GREAT AGAIN」は，レーガンのときはみんなアレルギー反応しなかったのに，この人が言うともう駄目なわけです。2016年と1980年と，意味が違うのです。リテラルな意味ではない。何が意味を支えているか，ロラン・バルト的に考えると，共和党の赤なのか，支持者の一部なのかとか，いろいろ考える。ではデザインを加えて意味を少し変えてみよう。これがファッションデザインで，これを逆に白人至上主義的ではないものに変えられたら，デザインの成功なのです。

　世界は離散化されていて，どういうものを選んだかということによって，例えば大統領選なら赤いところにいったらリパブリカンと認識されて，青い位置にいるとデモクラッツと認識されるけれども，その離散化

のメッシュがすごく粗いのです。意味のメッシュをいかに細かくするか，そして多様な意味を作るかというのがファッションデザインである，という話です。

　あともう一つ例を挙げると，Queer（クイア）も，もともとはStrangeとUnusualというような意味なのに，違った意味になりました。クイアはむしろ文化的でかっこいいという話になってきて，もともとの意味がもはや薄れていっている。こういうのを逆につくっていくのがファッションにとって面白い。

　ここでウィトゲンシュタインの話に戻ってきます。事実を作って世界の総体に影響を与える。ここまでをファッションデザインとすると，これはソーシャルハックの１つのツールだと考えられます。先ほどのロカモラさんが話したパリジェンヌではないですけれども，もしパリジェンヌがクールだったら，それをアンクールにするのもデザインだし，すごく微妙なものだったら，それをクールにするのもいい。

　これは「意味の相対性理論」です。みんながそちらに行くなら，僕はこちらに行くというのが，すごく強いマイノリティーであればあるほど意味がある。ミシェルオバマが以前「When they go low, we go high.」と言ったけれども，本当だったら「When they go low, we go lower.」のほうが面白いかもしれない。もっとlowestに行ったほうが周期的境界条件みたいになっていて，実をいうと，下に行くと上につながっているということがありうるということです。こういう事を考えるのがファッションです。

「境界の問題：階級，文化とかわいいの逸脱への可能性」
門傳　こんにちは，ファッションにおける逸脱(transgression)の可能性に

ついて話したいと思います。

　なぜわれわれは服を着るのでしょうか。人が服を着るのには主に3つの理由があると論じられてきました。それは，体を温めるため，けがなどから守るため，そして体の性的な部分を隠すためです。

　ファッション学上では，服は基本的にこのような生物学上の理由には左右されにくく，象徴的な理由のほうが機能的な理由より重要だとされています。

　フェミニストでファッション学者のエリザベス・ウィルソン（Elisabeth Wilson）は「ジェンダーは服を通じてつくられる」とも論じています。人々について，今までわれわれが生活してきた文化や社会，経験の中で，男性用・女性用と繰り返し教えられてきた，いわば記号化したファッションを使って判断しているわけです。この記号は，異なった文化や社会では必ずしも同じ意味を持つわけではないということを覚えておくことが大事です。

　ドイツの社会学者ゲオルク・ジンメル（Georg Simmel）は，ファッションの根底に2つの望みがあると論じました。それは，同じような服を着て，グループへ同化することと，少し変わった服を着たりして，ほかのグループから差別化を図るということです。

　ファッションはよく第2の皮膚といい表されることがあり，日本ではほとんどすべての人が何かしらの服を着ており，第1の体の表面ともいえます。ですので，体と社会の間に存在する第1の境界と考えられます。

　逸脱の例では「かわいい」というコンセプトを挙げることもできます。「かわいい」はファッションに当てはめた場合，よく特定の少女趣味と言われるフリルやリボン，白いパステルカラー，そして花柄などが使われ

た服や，少年っぽいシルエットの服について使われることが多いです。例えばゴスロリファッションです。このようなスタイルは，年齢的には子供をとうに越した人が，子供，特に女の子しかこれまでできなかったようなシルエットのファッションを着ることによって，年齢そして大人の女性にまつわる社会のジェンダー規範から逸脱しているとみることができます。

「かわいい」というコンセプトは男の子にも使われており，「かわいい」と表現される男子はたいがいの場合，大人の男性性にまつわるジェンダー規範，例えば強い，マッチョ，攻撃的，頼りがいがあるなどから少なくとも表面上は逸脱しているとみることができます。この点は特にアメリカやオーストラリアなどの理想的な男性像と比べると如実です。

最後に，男性ファッションモデルについて少し考察してみたいと思います。日本の男性ファッションモデルは，実は65年以上の歴史があり，1960年代初頭からはモデルの仕事だけで生計を立てられるモデルが生まれ，20代の若い男性美だけではなく，理想の壮年の男性のかっこよさや美しさを実現しています。ファッションや美しさは若者だけのものという固定観念を逸脱する存在だといえるのではないでしょうか。

お話ししたように，何げないファッションや存在も，気が付かないところでジェンダーなどの社会的規範を肯定し，あるいは逸脱しうることを，これからの特にデジタル社会に移行していく中で考えていくことが大事ではないでしょうか。

討論

高馬 ありがとうございます。まずロカモラさんに質問させてください。デジタルメディアの浸透によっては西洋近代で構築された規範から逃

れられるどころか，結局その範囲が強化されていくしかないのか，将来的な可能性として，アルゴリズムなどから逃れる道は何かないのかなということを伺いたいと思います。

　あともう1点，議論の中に白人という言葉がすごく多く出てきました。やはり西洋近代中心，白人中心主義というところからは逃れられないのかという点についてもおきかせ下さい。

ロカモラ　1点目は，教育，啓蒙を行うことが希望としてあげられると思います。2点目については，ジェンダーそれからファッションも，世界中で今いろいろなことが語られていますけれども，二元論などのようにどちらか一方ということではない方法でもう少し社会を見られたらと思っています。

高馬　小石さんに伺います。もしバルトの『モードの体系』を当時でなく今考えるとするならばどのように説明できるのか，小石さん的にはどのように考えていらっしゃるでしょうか。

小石　時間による逸脱や，文脈が変わっていくことは結構自明なのです。すごくトリビアルな話です。ここで10年ぐらい寝ていたら，もしかしたらここはこの講堂ではないかもしれないというのはすごく自明なことですよね。それは結構，意味の世界でも自明という話なのです。門傳さんもロカモラさんもだいたい同じことを言っていて，先ほど言ったアルゴリズムが結構重要で，アルゴリズムを持っている人は結構強いと。だから僕が思うのは，思想家あるいは社会学者やデザイナーも，逆にそれを敵だと思わないで，そちらに乗ったほうがいい。乗って，乗っ取る。

門傳　ロカモラさんにお聞きしたいことがあります。日本ではフランスがすごく理想的という考えに取りつかれている部分があると思います。フランス女性は服を生涯に10着しか持っていないとか，あと，40歳以

上の女性は，フランスではメイクをしないとか，そういう本が結構売れていますがそういうことについてどう思いますか。

ロカモラ　ジオポリティクス（地政学）的に，どのようにファッションが世界を渡り歩いていくかを見ることも必要かと思います。ミシェル・フーコーについて，皆さんご存じかと思います。例えば，誰が言ったかということのほうがより強調されている。要するに，中身よりも，誰が言ったかというほうが影響を与えてしまうことがあるかと思います。例えばパリジェンヌの見方ですけれども，日本の見方と，それからヨーロッパの見方は全然違うかもしれない。これは高馬さんにもお聞きしたいです。

高馬　パリジェンヌが日本の雑誌などで理想像として扱われるのは，フランスとの提携雑誌，もしくは，50代以上の雑誌，すなわちパリジェンヌを理想像として大人になった人たちが中心です。フランスにおいての日本の女性像は，19世紀の終わりから『マダム・クリザンテエム（お菊さん）』などで，やはりかわいくて，小さくてというのがあります。今でも，門傳さんが言っているようなかわいいファッションなどで「かわいい」とか，西洋の規範的でない，未成熟的なものという女性も描かれていると思います。

門傳　小石さんにお考えを伺いたいのですが，オーストラリアでも若い人で，すごく極右になっているグループの人がアメリカのように「オーストラリア・グレイト」みたいな感じで，ネオナチのシンボルを使って運動しています。その同僚が，オーストラリアは戦争中，ドイツと戦っていたので，自分の愛国心を表すためにそういう敵国のシンボルだったものを使うことに対して何にも抵抗がないのがおかしいと言っていましたけれども，それについてどう思いますか。

小石　やはり新しくアップデートしていかなければならないことがあります。バルトが今生きていたら，たぶんGoogleやFacebookと組んで何かをやるのではないかなとも思います。例えばバイドゥ（百度）やテンセントなど，中国語話者の生活分布や思考体系などは，シニフィエ，シニフィアンの意味でかなりデータを持っているから，結構面白いのができるとは思う。

　門傳さんの質問への回答です。敵の敵は味方というのは人間社会の本質なので，ナチスという言葉にはあまり言及したくないですけれども，ハーケンクロイツが最近簡単によく出てくるではないですか。あれはよくないと思うのです。今の政治家のほうがモラル的にかなりパンクな方向に行ってしまっているので，そういうことを考えると，普通でいることがむしろすごくパンクに見えるというのがあります。

高馬　デジタル社会のファッションの新地平とは何かをテーマにいろいろとみなさまに討論いただきました。デジタル社会においても，ジェンダーに関する伝統的規範がアルゴリズムによって再強化されているということ，そして地政学的にそれらの多様性も可能性があるということ，アルゴリズムとどう使いこなすのかという提言も議論されたと思います。最後に，デジタル社会においてファッションの新地平について最後にお考えを一言ずついただければと思います。

ロカモラ　教育がキーワードになるかと思います。例えば，より簡潔に，より楽観的になることが必要ではないかとも思っています。

小石　逸脱についてですが，ソシュールがパロールとラングという言葉を言っています。ファッションにおいてはパロールというのは個人の着方とか。法律的な洋服の着方などではなくて振る舞いとかで，ラングというのはもっと文法的な意味の，システマティックなものです。みん

ながパロールとしていろいろなものをつくって，逸脱からラングを書き換えていくというのが社会とファッションの関係性ですね。これは今後も変わらないと思います。

門傳　以前はアジア人の外見に引け目を感じていたアジア系オーストラリア人の若い子が，アジア系の人がやっているYouTubeチャンネル，メイクアップチャンネルやファッションチャンネルをすごく見るようになりました。2年ぐらい前，同僚が，アジア系オーストラリア人の18歳から30歳までの人の意識調査を行ったときに，自分のアジア系の容姿に対して引け目は全然感じていないし，ハッピーだと答えました。メインストリームからの逸脱を促すというのがいまだにソーシャルメディアやテクノロジー，デジタル社会では見込めると思います。

高馬　デジタル社会におけるファッションの新地平を考えるキーワードとして，教育，パロール，逸脱，というキーワードをいただきました。デジタルメディアの社会は，自由にみんなが情報を発信できる状態になっているわけですけれども，アルゴリズムによって伝統的規範がかわらず強化されているはいるものの，教育，そしてパロール，逸脱といった個人レベルでなにかを変えていけるそのような可能性を感じさせられました。そのような支配と抵抗など表裏一体で有するデジタルメディアにおいては，情報の選択，判断といった個人の主体性の重要性を感じます。ファッションの着用者にとって，デジタルメディアは多様性を尊重するエンパワーメント空間でもありえることを祈りつつ，これからも注視していきたいと思います。

明治大学情報コミュニケーション学部ジェンダーセンター沿革・活動記録
（2009年度〜2020年度）

作成：石田沙織

2009年度	2009年度運営準備委員会 吉田恵子（委員長），牛尾奈緒美（副委員長），武田政明，堀口悦子，宮本真也，山口生史，江下雅之，波照間永子，竹中克久，出口剛司，水戸部由枝，江島晶子，細野はるみ（オブザーバー）
2009・7・3	2009年度第1回定例研究会「台湾における『やおい現象』からみるジェンダー意識」周典芳（台湾慈済大学コミュニケーション学科助理教授）
2009・10・7	2009年度第2回定例研究会「アメリカにおける中絶論争：公的な討議空間の課題」デヴィッド・ザレフスキー（ハーバード大学客員教授）
2009・11・20	2009年度第3回定例研究会「独日における新しい女性運動とジェンダー政策」イルゼ・レンツ（ルール大学ボーフム教授・京都大学客員教授）／通訳：姫岡とし子（東京大学大学院教授）
2009・11・27	2009年度第4回定例研究会「性同一性障害とジェンダー：性別違和を抱える多くの人々のQOL向上をめざして—」石田仁（中央大学）
2010・3・22	開設記念シンポジウム「労働と承認——ジェンダーから見た世界的正義」講演：アクセル・ホネット（ゲーテ大学フランクフルト・アム・マイン大学教授・フランクフルト社会研究所所長）／通訳：大河内泰樹（京都産業大学助教）／コメンテーター：日暮雅夫（立命館大学教授）／大貫敦子（学習院大学教授）／藤野寛（一橋大学大学院教授）
2010年度	2010年度運営委員 吉田恵子（センター長），牛尾奈緒美（副センター長），武田政明，堀口悦子，宮本真也，山口生史，江下雅之，波照間永子，竹中克久，出口剛司，水戸部由枝，江島晶子，細野はるみ（オブザーバー）
2010・6・7	特別講義「婚活時代から見える女性の生き方」白河桃子（ジャーナリスト）
2010・6・11	2010年度第1回定例研究会「『68年運動』後の日独における身体・セクシュアリティをめぐる論争——日本の「優生保護法改悪阻止運動」と西ドイツの妊娠中絶合法化運動を中心に」水戸部由枝（明治大学専任講師）
2010・7・23	2010年度第2回定例研究会「ジェンダー視点をもった法律家をどう育てるか」角田由紀子（明治大学法科大学院教授）
2010・10・13	情報コミュニケーション研究科連続特別講義：情報社会の諸相〜生・性・聖「サイエンスとしての男性学の方法と課題」渡辺恒夫（東邦大学教授）　＊協賛
2010・10・16 —2011・1・28	第38回明治大学中央図書館企画展示「中田正子展——明治大学が生んだ日本初の女性弁護士」　＊後援
2010・10・18	情報コミュニケーション研究科連続特別講義：情報社会の諸相〜生・性・聖「パノプティコン・ショッピングセンター・介護保険—情報社会と規準化を体現するもの—」柴田邦臣（大妻女子大学准教授）　＊協賛

2010・10・20	情報コミュニケーション研究科連続特別講義：情報社会の諸相～生・性・聖「臨床のコミュニケーションと看取り：緩和医療の視点から」的場和子（厚生連長岡中央総合病院緩和ケア科医師）＊協賛
2010・10・22 ―10・23	日独国際シンポジウム「ライフコース選択の臨界点――生き方はどこまで自由に選べるのか？」講演・報告者：嶋﨑尚子（早稲田大学）／ベッティーナ・ダウジーン（ウィーン大学）／メアリー・ブリントン（ハーバード大学）／前田信彦（立命館大学）／ビルギット・アピチュ（デュースブルク・エッセン大学）／牛尾奈緒美（明治大学）／アリサ・フリードマン（オレゴン大学）／ゴードン・マシューズ（香港中文大学）／加藤彰彦（明治大学）／平田由紀江（獨協大学）・田中洋美（ドイツ日本研究所）・呉華孔（香港理工大学）／岩田クリスティーナ（ドイツ日本研究所）／ミヒャエル・モイザー（ドルトムント工科大）／多賀太（関西大学）／施利平（明治大学・ケンブリッジ大学）／平山洋介（神戸大学）／西川祐子（元京都文教大学）／ルート・ベッカー（ドルトムント工科大学）／マーレン・ゴツィック（ドイツ日本研究所）＊共催
2010・10・28	情報コミュニケーション研究科連続特別講義：情報社会の諸相～生・性・聖「サイボーグ・フェミニズム」小谷真理（SF＆ファンタジー評論家）＊協賛
2010・11・5	2010年度第3回定例研究会「平等から協働へ――〈性別〉と職場のよりよい関係を求めて」金野美奈子（東京女子大学准教授）
2010・11・11	情報コミュニケーション研究科連続特別講義：情報社会の諸相～生・性・聖「場所の記憶と怪異の想起――喰違見附を中心に考える」北條勝貴（上智大学専任講師）＊協賛
2010・11・15	ワーク・ライフ・バランスをめざす講座「私たちのキャリアデザイン――子育て中も働き続ける」第1回「私だけのキャリアをデザインする」牛尾奈緒美（明治大学教授）
2010・11・26	ワーク・ライフ・バランスをめざす講座「私たちのキャリアデザイン――子育て中も働き続ける」第2回「先輩に聞いてみよう」松尾紀子（フジテレビアナウンサー），村山義尚（千代田区男女平等推進区民会議委員）
2010・12・3	2010年度第4回定例研究会「アフガニスタン民衆レベルのジェンダー意識について」常岡浩介（ジャーナリスト）
2011年度	2011年度運営委員 細野はるみ（センター長），牛尾奈緒美（副センター長），吉田恵子，堀口悦子，波照間永子，竹中克久，山口生史，田中洋美，施利平，平川景子，水戸部由枝，江島晶子，江下雅之，出口剛司（外部委員）
2011・6・10	2011年度第1回定例研究会「人口減少社会を生きる――少子化を前提として」赤川学（東京大学大学院准教授）

2011・7・22	2011年度第2回定例研究会「インドの社会と女性たち」鳥居千代香（帝京大学短期大学教授）
2011・10・14	2011年度第3回定例研究会「ジェンダーに関する人権問題」藤田真利子（公益社団法人アムネスティ・インターナショナル理事長）
2011・10・24	国・地方連携会議ネットワークを活用した男女共同参画推進事業シンポジウム『映像メディアの世界における女性の活躍』1日目「アジアの女性映画人のいま──新たなネットワーク構築」，パネルディスカッション「女性映画人の将来」
2011・10・25	国・地方連携会議ネットワークを活用した男女共同参画推進事業シンポジウム『映像メディアの世界における女性の活躍』2日目「メディアで拓いた女性のキャリア──映画とテレビ」，パネルディスカッション「経験から語る映画界・テレビ界の女性」山崎博子（映画監督）／我謝京子（ドキュメンタリー映画監督・ロイター記者）／進行：国広陽子（東京女子大学教授） 講演・登壇者：イ・ヘギョン（ソウル国際女性映画祭代表）／ファン・ミヨジョ（ソウル国際女性映画祭実行委員）／チエン・ウエイ・スー（台湾女性映像学会女性映展代表）／ラティ・ジェファール（チェンナイ・サムスン国際女性映画祭代表）／内田ひろ子（東京国際女性映画祭事務局長）／司会：小藤田千栄子（映画評論家）
2011・11・4	特別講演会「タイの社会・経済状況と女性」チョンプヌッ・ゴサラゴン・パームブーンウィワット（シーナカリンウィロート大学経済公共政策学部准教授）／レヌー・スカロマナ（シーナカリンウィロート大学経済公共政策学部准教授）
2011・11・28	2011年度第4回定例研究会「韓国のひとり親家族の現状と政策──教育と福祉の両面から」キム・ミラン（韓国教育開発院研究員）／ホン・ミヒ（仁川発展研究院ジェンダー政策センター長）／コメンテーター：小島優生（獨協大学准教授），平田由紀江（獨協大学准教授）
2012・1・16	2011年度第5回定例研究会「企業における女性のエンパワメントとポジティブ・アクション──国連グローバル・コンパクトとUN Womenの取組を例に」大西祥世（法政大学講師）
2012年度	2012年度運営委員 細野はるみ（センター長），牛尾奈緒美（副センター長），吉田恵子，武田政明，波照間永子，竹中克久，山口生史，田中洋美，施利平，水戸部由枝，江島晶子，高峰修，鈴木健人，出口剛司

2012・5・18	2012年度第1回定例研究会「ジェンダーと医療化：ドイツにおける生殖技術の事例から」シャルロッテ・ウルリヒ（オスナブリュック大学家族の健康とライフコ ス研究センターFamiLe研究員）
2012・6・8	情コミ卒業生講演〜ジェンダーを学んだ先輩に聞こう〜「〝女子力〟に追われる現代女性」和田香織（情報コミュニケーション学部2010年度卒業生）
2012・6・23	シンポジウム「法と文学：〈法〉と〈文学〉の関係を問い直す」神馬幸一（静岡大学准教授）／坂本真樹（静岡大学准教授）／小林史明（明治大学法科大学院ジェンダー法センターRA）／吉良貴之（常磐大学嘱託研究員）／挨拶：角田由紀子（明治大学大学院ジェンダー法センター長，弁護士）＊共催
2012・7・2	2012年度第2回定例研究会「介護者（ケアラー）への支援はどうあるべきか：ワーク・ケア・ライフ・バランス試論」笹谷春美（北海道教育大学名誉教授・北海道立女性プラザ館長）
2012・7・20	2012年度第3回定例研究会「ワークライフバランス，女性の活躍推進と日本経済の活性化」山口一男（シカゴ大学社会学科教授）
2012・10・12	国・地方連携会議ネットワークを活用した男女共同参画推進事業 メディアの役割に関するシンポジウム「メディアと男女共同参画：メディアの可能性を探って」，パネルディスカッション「メディアを私たちの手に──多様性・創造性・主体性」登壇者：諸橋泰樹（フェリス女学院大学教授）／ヨーケ・ヘルメス（オランダ・インホラント応用科学大学教授）／竹信三恵子（和光大学教授・元朝日新聞記者）／白石草（特定非営利活動法人Our Planet-TV代表理事）／森達也（明治大学特任教授・ドキュメンタリー映画監督・テレビ・ドキュメンタリーディレクター・ノンフィクション作家）
2012・10・13	日本学術会議公開シンポジウム「雇用崩壊とジェンダー」＊後援
2012・11・9	2012年度第4回定例研究会「教育する父親の時代？──ジェンダーと階層をめぐる家庭教育のポリティクス」多賀太（関西大学教授）
2012・11・13	明治大学紫紺ネット企業リーダー講演会「日本ロレアル女性副社長が語る仕事術　活用したい人材，される人材」井村牧（日本ロレアル株式会社副社長）＊後援
2013・3・21 —3・24	国際学術交流事業ジェンダーフォーラム① アジア・太平洋ジェンダー研究学会「ジェンダー公正：アジア・太平洋地域における理論・実践・政策」於・クマウン大学（インド）
2013年度	2013年度運営委員 細野はるみ（センター長），牛尾奈緒美（副センター長），吉田恵子，武田政明，波照間永子，竹中克久，山口生史，田中洋美，施利平，高峰修，水戸部由枝，江島晶子，鈴木健人，出口剛司

2013・5・21	2013年度第1回定例研究会「人の移動・身体・ジェンダー——トランスナショナルな卵子提供のフェミニスト分析」シャルロッテ・クロレッケ(南デンマーク大学准教授)
2013・6・14	ドキュメンタリー映画「カタロゥガン! ロラたちに正義を!」上映会 ゲスト・講義:竹見智恵子(映画監督)
2013・7・27	情報コミュニケーション学部特別講演会「来るべき身体政治学——フェミニズム, SF, そしてわたしたちの地球環境」パット・マーフィー(SF作家)／コメンテーター:森奈津子(作家, 日本SF作家クラブ会員) ＊後援
2013・10・11	2013年度第2回定例研究会「国際比較のなかの結婚と女性労働」筒井淳也(立命館大学准教授)
2013・10・16	2013年度第3回定例研究会「ジェンダー間の機会平等へのあらたな道程—男女平等は世紀の課題!」ウタ・マイヤー=グレーヴェ(ギーセン大学教授)／通訳:姫岡とし子(東京大学教授)
2013・11・19	2013年度第4回定例研究会オーストラリアのスポーツに見るジェンダーとセクシュアリティ—ヘゲモニー・抵抗・変化」ブレント・マクドナルド(豪ヴィクトリア大学講師)
2013・11・26	2013年度第5回定例研究会「ジェンダー・ハーモニー——インドおよびネパール固有文化の視点から見た男女間の調和的関係」ダーム・バウーク(ハワイ大学マノア校教授)
2013・11・29	FD講演会「共生社会にふさわしいキャンパスの実現に向けて」細野はるみ(明治大学教授) ＊協力
2013・12・13	特別講演会「テクスチュアル・ハラスメント」小谷真理(明治大学客員教授・SF&ファンタジー評論家)
2014年度	2014年度運営委員 細野はるみ(センター長), 牛尾奈緒美(副センター長), 武田政明, 宮本真也, 山口生史, 田中洋美, 内藤まりこ, 高峰修, 水戸部由枝, 鈴木健人, 出口剛司
2014・5・30	資料映像上映会「女性法曹界の道を拓いた人々——明治大学専門部女子部の足跡」解説:吉田恵子(明治大学元教授・本センター前センター長)
2014・7・18	特別講演会「近代社会の再封建化:社会構造・ジェンダー・経済」ジークハルト・ネッケル(ゲーテ大学フランクフルト・アム・マイン大学教授)／通訳:三島憲一(大阪大学名誉教授)
2014・7・21	特別講演会「ジェンダーの脱植民地化を目指して——世界規模で考える男性性, 女性性, ジェンダー関係」レイウィン・コンネル(シドニー大学教授)
2014・11・3—11・5	国際学術交流事業ジェンダーフォーラム②学際シンポジウム「社会・文化的多様性のレンズを通じた知の構築」於・シーナカリンウィロート大学(タイ)

2014・12・16	映画「少女と夏の終わり」上映会+座談会 石山友美(監督)／佛願広樹(撮影・編集)／田中洋美(明治大学准教授) ／南後由和(明治大学専任講師)／脇本竜太郎(明治大学専任講師)／進行：内藤まりこ(明治大学専任講師)
2015・1・21	田中・内藤合同ゼミ研究発表会「『アナ雪』現象を読み解く!」 報告：情報コミュニケーション学部田中・内藤合同ゼミナール／コメント：生方智子(明治大学准教授)／出口剛司(東京大学准教授)
2015年度	2015年度運営委員 細野はるみ(センター長)，牛尾奈緒美(副センター長)，武田政明，宮本真也，山口生史，田中洋美，内藤まりこ　高峰修，鈴木健人，出口剛司
2015・4・22	2015年度第1回定例研究会「日本における子どもと子ども像の歴史──江戸時代を中心として」ミヒャエル・キンスキー(ドイツ・ゲーテ大学フランクフルト・アム・マイン教授)／コメンテーター：出口剛司(東京大学准教授)
2015・6・5	2015年度第2回定例研究会「『おたく』とジェンダー」 パトリック・W・ガルブレイス(上智大学・テンプル大学非常勤講師)／コメンテーター：渡辺恒夫(明治大学兼任講師)／司会：石田沙織(明治大学大学院情報コミュニケーション研究科博士後期課程・同学部助手)
2015・10・20	情報コミュニケーション研究科特別講義「フィールド調査で語られない性」熱田敬子(明治大学兼任講師)＊後援
2015・11・6	明治大学国際シンポジウム「学術分野の男女共同参画と多様性」1日目 基調講演：大坪久子(日本大学薬学部薬学研究所上席研究員)／ジャッキー・スティール(東京大学社会科学研究所准教授)＊共催
2015・11・7	明治大学国際シンポジウム「学術分野の男女共同参画と多様性」＊共催2日目 分科会「女性研究者・法曹養成と男女共同参画政策」：角田由紀子(弁護士)／打越さく良(弁護士) 分科会「パネルディスカッション：二十一世紀を研究者として生きる──女性のアカデミック・キャリアにおける機会と障壁」平田佐智子(明治大学)／デアドリー・スネープ(デュースブルク・エッセン大学)／チェルシー・シーダー(明治大学)／チョンプヌッ・K・パームブーンウィワット(シーナカリンウィロート大学)　＊国際交流事業ジェンダーフォーラム③ 分科会：「タイにおける女性のエンパワーメント──社会的・経済的・文化的状況」チョンプヌッ・K・パームブーンウィワット(シーナカリンウィロート大学)／パウィーナ・レクトラクン(シーナカリンウィロート大学)／ブイ・ティ・ミン・タム(シーナカリンウィロート大学)／コメント：山本由美子(UNDPバンコク支局アナリスト)＊国際交流事業ジェンダーフォーラム③

2015・11・27	映画「PHD Movie 1&2」上映会 進行：平田佐智子（明治大学研究・知財戦略機構研究推進員）
2015・12・7— 12・11	学生企画イベント「MEIJI ALLY WEEK～明治大学にLGBT支援者である Allyを増やす一週間～」 SNSキャンペーン「Ally in White」（12.10-11）／既存の男らしさ・女らし さにとらわれない「自分らしさ」を表現するファッションショー「Gender Gradation Fashion Show」（10.10）など，知る・変わる・広めるの三つの 軸で展開
2016・1・19	明治大学専任教授連合フォーラム「明治大学の男女共同参画」＊後援
2016・1・21	2015年度第3回定例研究会「フランスの女性誌史─誕生から黄金期そし て暗黒時代と転換─」江下雅之（明治大学教授）／コメンテーター：高馬京 子（明治大学准教授）
2016年度	2016年度運営委員 細野はるみ（センター長），牛尾奈緒美（副センター長），武田政明，宮本 真也，山口生史，田中洋美，内藤まりこ，高峰修，波照間永子，出口剛司
2016・5・25	2016年度第1回定例研究会「摂食障害からの回復─臨床社会学の観点か ら─」中村英代（日本大学准教授）
2016・6・21	ドキュメンタリー映画「ちづる」上映会＋講演会 赤﨑正和（映画監督）／コメンテーター：森達也（映画監督・明治大学特任 教授）
2016・11・15	映画「ハンズ・オブ・ラヴ　手のひらの勇気」上映会&トーク 上川あや（世田谷区議会議員）／川田篤（日本アイ・ビー・エム（株）ソフ トウエア事業部部長）／齋藤明子（（株）ポーラ人事部ダイバーシティ推進 チーム課長）／大森千秋（松竹（株）洋画調整室）
2016・11・23	2016年度第2回定例研究会「メインストリーム文化とLGBT」 フレデリック・マルテル（作家・ジャーナリスト）／通訳：根本美作子（明治 大学教授）／コメンテーター：砂川秀樹（文化人類学者）
2016・12・8	明治大学女性研究者研究活動支援事業総括シンポジウム「Life Sharing～ 共に前へ～」小林正人（明治大学男女共同参画推進センター女性研究者研 究活動支援事業推進本部生田分室長）／辻村みよ子（明治大学男女共同 参画推進センター女性研究者研究活動支援事業推進本部代表）／山村康 子（国立研究開発法人科学技術振興機構プログラム主管）＊共催
2017・3・18	お茶の水女子大学IGS国際シンポジウム「なぜアメリカで女性大統領は誕 生しなかったのか？ ジェンダーと多様性から考える二〇一六年大統領選 挙」＊後援

2017年度	2017度運営委員 細野はるみ（センター長），田中洋美（副センター長），牛尾奈緒美，宮本真也，江下雅之，山口生史，高峰修，石田沙織，高馬京子，出口剛司，川端有子
2017・6・8	2017年度第1回定例研究会「インターセクショナリティ，言語，ジェンダー移行―在英スペイン人トランス男性のライフストーリー」ジョン・グレイ（ロンドン大学UCL准教授）／通訳：水倉亮（立命館アジア太平洋大学非常勤講師）
2017・7・7	2017年度第2回定例研究会「スポーツ・メガイベントの政治学」ヘザー・サイクス（トロント大学准教授）／通訳；井谷聡子（関西大学助教）
2017・10・6	学生相談室主催『暗黙の了解』ってアリ？ ～お互いを尊重する「性」とは～ 大澤祥子（ちゃぶ台返し女子アクション）＊共催
2017・10・27	2017年度第3回定例研究会「『主婦の友』にみる日本型恋愛イデオロギーの固有性と変容」大塚明子（文教大学准教授）
2017・11・1― 11・2	国際学術交流事業ジェンダーフォーラム④ 国際学術会議「都市空間とジェンダー：アジア・太平洋地域の都市空間とジェンダー・周縁化・公平性の探求」於・インド・ハビタット・センター
2017・11・22	特別講演会「ジェンダー平等とSDGs――インドの経験から」R・B・シン（デリー大学地理学教授，国際地理学連合（IGU）副会長）
2017・11・30	2017年度第4回定例研究会「LBGTをめぐるジェンダー表象／構築」砂川秀樹（明治学院大学国際平和研究所研究員・多摩大学非常勤講師）／田亀源五郎（漫画作家）
2017・12・4― 12・8	学生企画イベント「MEIJI ALLY WEEK 2017 ――明治大学からLGBTの「味方」＝Allyを増やす1週間」 ALLYトークイベント（12.7），「I'm an ALLY！！」キャンペーン（12.7-8）をはじめ，「知る」・「変わる」・「広める」ための各種イベント実施
2018年度	2018年度運営委員 細野はるみ（センター長），田中洋美（副センター長），牛尾奈緒美，宮本真也，江下雅之，施利平，高峰修，石田沙織，高馬京子，出口剛司，川端有子
2018・4・30	シンポジウム「SOGIは今？ ～歴史と国際からみる今後～」＊共催
2018・5・8― 5・10	国際連携本部英国研究イベント（連続セミナー） 「Brexit and Britain, European Human Rights Law」Prof. Robert Wintemuthe「LGBTI Human Rights in Europe, the UK and Japan」（5.9）など＊共催

2018・6・22	舞台映像『幸福な職場』上映会・講演会 きたむらけんじ（『幸福な職場』演出・劇団東京フェスティバル）／細野はるみ（明治大学教授）
2018・6・27	映画『カランコエの花』特別上映会・トーク 中川駿（『カランコエの花』監督／池田えり子（特定非営利活動法人 ReBit 事務局マネージャー／元高校教員）／田中洋美（明治大学准教授）／松岡宗嗣（一般社団法人 fair 代表理事）
2018・11・16	「同意ワークショップ〜お互いを尊重する「性」のコミュニケーションってなんだろう？」大澤祥子（一般社団法人ちゃぶ台返し女子アクション共同代表）
2018・11・23	アカデミックフェス2018講演＋シンポジウム「企業トップの考えるダイバーシティ・マネジメント」渡邉光一郎（第一生命ホールディングス株式会社・第一生命保険株式会社代表取締役会長）／青井浩（株式会社丸井グループ代表取締役社長）／横手喜一（株式会社ポーラ代表取締役社長）／程近智（アクセンチュア株式会社相談役・前社長・会長）／垣内俊哉（株式会社ミライロ代表取締役社長）＊共催
2018・12・12，12・19	学生企画「LGBTs＆ALLY交流会」
2019・1・16	2018年度第1回定例研究会「生殖の当事者とは誰か？」 齋藤圭介（岡山大学大学院准教授）
2019・2・10	2018年度名古屋LGBT成人式 ＊後援
2019・3・21	国際学術交流事業ジェンダーフォーラム⑤ 第12回リサーチ・コンフェランス特別セッション「デジタル時代におけるメディアと情報」於・シーナカリンウィロート大学大学院（タイ）
2019年度	2019年度運営委員 田中洋美（センター長），宮本真也（副センター長），牛尾奈緒美，江下雅之，施利平，高峰修，藤本由香里，高馬京子，出口剛司，細野はるみ
2019・6・4	学生企画：映画『ウリハッキョ』上映会＋トーク「ぶっちゃけ！在日コリアン」
2019・6・17	2019年度第1回定例研究会「海外研究者から見た日本の少女文化とジェンダー研究」デボラ・シャムーン（シンガポール国立大学准教授）
2019・9・19	ジェンダーセンター10周年記念シンポジウム「21世紀の多様性と創造性——学術・アート・ファッションにおける新展開プレイベント：アジアのジェンダー研究」国際学術交流事業ジェンダーフォーラム⑥

2019・9・20	ジェンダーセンター10周年記念シンポジウム「21世紀の多様性と創造性——学術・アート・ファッションにおける新展開パート1：ジェンダー研究の新展開——この十年と今後」汀原由美子（横浜国立大学教授）／イルゼ・レンツ（ルール大学ボーフム名誉教授）／兼子歩（明治大学専任講師）／藤本由香里（明治大学教授）／風間孝（中京大学教授）／來田享子（中京大学教授）／牟田和恵（大阪大学教授）／高峰修（明治大学教授）／大黒岳彦（明治大学教授）／須田努（明治大学教授）／田中洋美（明治大学准教授）
2019・11・14 —11・15	ジェンダーセンター10周年記念シンポジウム「21世紀の多様性と創造性——学術・アート・ファッションにおける新展開パート2：デジタル社会の多様性と創造性——アートとファッションの新展開」 1日目：渋谷慶一郎（アーティスト・音楽家）／大黒岳彦（明治大学教授）／四方幸子（キュレーター・多摩美術大学客員教授）／田中洋美（明治大学准教授） 2日目：森永邦彦（ANREALAGE〈アンリアレイジ〉デザイナー）／シャルロッテ・クロレッケ（南デンマーク大学教授）／岩崎秀雄（早稲田大学教授，アーティスト）／シュー・リー・チェン（メディアアーティスト・映像作家）／アニエス・ロカモラ（ロンドン芸術大学教授）／小石祐介（クリエイティブディレクター・KLEINSTEIN代表）／門傳昌章（西オーストラリア大学講師）／土屋恵一郎（明治大学学長）／高馬京子（明治大学准教授）
2019・11・23	アカデミックフェス2019講演＋シンポジウム「企業トップの考えるダイバーシティ・マネジメント」東和浩（株式会社りそなホールディングス社長）／鳥海智絵（野村證券株式会社専務執行役員・前野村信託銀行株式会社社長）／笹田珠生（メリルリンチ日本証券株式会社代表取締役社長）／進行：牛尾奈緒美（明治大学副学長）＊共催
2020・1・8	2019年度名古屋LGBT成人式 ＊後援
2020・1・11	「『SOGIの多様性に関する学長共同宣言』＋1」：成果と課題を議論する＊共催
2020・1・20	映画『his』プレミア試写上映会＋トーク 舞台挨拶：宮沢氷魚（俳優・同作品主演）／藤原季節（同作品主演） トーク：宮沢氷魚（俳優・同作品主演）／IVAN（ファッションモデル・タレント）／アサダアツシ（脚本家・『his』脚本・企画）／松岡宗嗣（一般社団法人fair代表理事）／田中洋美（明治大学准教授）
2020・1・24	明治大学大学院情報コミュニケーション研究科特別講義「広告とジェンダー表象」蕭蘋（台湾国立中山大学経営コミュニケーション研究所長・教授）＊共催

2020年度	2020年度運営委員 牛尾奈緒美（センター長），宮本真也（副センター長），江下雅之，施利平，山内勇，高峰修，藤本由香里，高馬京子，出口剛司，細野はるみ
2020・10・24	オンラインシンポジウム「ジェンダーを巡り変化するメディア」＊共催 津田環（テレビマンユニオン）／立野真央（NHK名古屋拠点放送局制作部ディレクター）／伊藤あかり（朝日新聞社「かがみよかがみ」編集長）／田中洋美（明治大学准教授）
2020・11・17	学生企画「コロナ禍で感じたジェンダーギャップ―大学生は何を感じたか―」 講演：伊藤あかり（朝日新聞社「かがみよかがみ」編集長）
2020・12・16	オンライン特別講義「企業トップの考えるダイバーシティ・マネジメント」 安渕聖司（アクサ・ホールディングス・ジャパン株式会社代表取締役社長兼CEO）／田代桂子（株式会社大和証券グループ本社取締役兼執行役副社長）／牛尾奈緒美（明治大学教授）

注：所属・役職等肩書きは登壇時のもの，敬称略

著者等略歴（執筆順）

牛尾奈緒美（うしお・なおみ）

明治大学情報コミュニケーション学部教授。同学部ジェンダーセンター長。明治大学広報担当副学長（2016-2020）。専門は経営学，人的資源管理論で，働く女性の能力発揮，人材多様性の問題に取り組む。著書に，『＜知＞が生まれるコミュニケーション：情報社会におけるダイバーシティ・マネジメント』（明治大学出版会），『女性リーダーを組織で育てるしくみ―先進企業に学ぶ継続就業・能力発揮の有効策』（中央経済社），『ラーニング・リーダーシップ入門―ダイバーシティで人と組織を伸ばす』（日本経済新聞出版社），『女性の働きかた』（ミネルヴァ書房）などがある。

江原由美子（えはら・ゆみこ）

1952年生まれ。東京都立大学名誉教授。東京大学大学院社会学研究科博士課程中退。博士（社会学）。東京都立大学・お茶の水女子大学にて，社会学教員として勤務。東京都立大学の改名改組を経て，2009年首都大学東京理事副学長。2017年横浜国立大学大学院都市イノベーション研究院教授。2021年3月同退職。著書に『ジェンダー秩序』（2001＝2021，勁草書房）等。

Ilse Lenz（イルゼ・レンツ）

ルール大学ボーフム（ドイツ）名誉教授。専門はトランスナショナルな視点からの社会学，ジェンダー研究。ドイツ・日本の女性運動，ジェンダー，インターセクショナリティ，労働について研究。著書に*Frauenbewegung in Japan: Quellen und Analysen*（Springer, 共著），*Handbuch Intersektionalitätsforschung*（Springer, 共著），*Die Neue Frauenbewegung in Deutschland. Abschied vom kleinen Unterschied. Eine Quellensammlung*（VS Verlag, 編著）ほか。

加藤穂香（かとう・ほのか）

国際基督教大学大学院アーツ・サイエンス研究科博士後期課程在籍。専門はジェンダー研究，メディア文化論。

兼子歩（かねこ・あゆむ）

1974年生まれ。明治大学政治経済学部准教授。北海道大学大学院文学研究科西洋史学専攻博士後期課程単位修得退学。専門はアメリカ社会史，ジェンダー研究。主な著書に『「ヘイト」に抗するアメリカ史』（共著），『アメリカの歴史を知るための65章』第4版（共著），訳書に『アメリカ黒人女性史』（共訳），『ジェンダー史とは何か』（共訳）など。

來田享子（らいた・きょうこ）
1963年生まれ。中京大学スポーツ科学部教授。神戸大学大学院修士課程修了（教育学修士），中京大学大学院体育学研究科博士後期課程修了（博士（体育学））。編著書に『よくわかるスポーツとジェンダー』（ミネルヴァ書房），『東京オリンピック1964の遺産　成功神話と記憶のはざま』（青弓社）ほか。

風間孝（かざま　たかし）
1967年生まれ。中京大学教養教育研究院教授。東京大学総合文化研究科国際社会科学専攻博士後期課程単位取得退学。共編著に『家族の変容と法制度の再構築』（法律文化社），共著に『教養のためのセクシュアリティ・スタディーズ』（法律文化社）ほか。

高峰修（たかみね・おさむ）＊編者
1968年生まれ。明治大学政治経済学部教授。同大学情報コミュニケーション学部ジェンダーセンター運営委員。横浜国立大学大学院修士課程修了（教育学修士），中京大学大学院体育学研究科博士後期課程修了（博士（体育学））。著書に『よくわかるスポーツとジェンダー』（ミネルヴァ書房），『夢と欲望のオリンピック』（成文堂）ほか。

大黒岳彦（だいこく・たけひこ）
1961年生まれ。明治大学情報コミュニケーション学部教授。東京大学教養学部を卒業後，東京大学理学系大学院（科学史科学基礎論専攻）博士課程単位取得退学。 1992年日本放送協会に入局（番組制作ディレクター）。 退職後，東京大学大学院学際情報学府にて博士課程単位取得退学。

四方幸子（しかた・ゆきこ）
1958年生まれ。多摩美術大学・東京造形大学客員教授，武蔵野美術大学・情報科学芸術大学院大学（IAMAS）・國學院大学大学院非常勤講師。美術評論家連盟会長。「対話と創造の森」アーティスティックディレクター。都留文科大学英文学科修了。専門はキュレーション，批評（メディアアート，現代美術）。

田中洋美（たなか・ひろみ）＊編者
明治大学情報コミュニケーション学部准教授，同学部ジェンダーセンター元センター長。博士（社会学）。専門はジェンダー研究，メディア／文化研究。著書に『クリティカルワード メディア論』（フィルムアート社，共著）ほか。

高馬京子(こうま・きょうこ) ＊編者
明治大学情報コミュニケーション学部専任教授。同学部ジェンダーセンター運営委員。専門は超域文化論(ファッション, ジェンダー, メディア研究), 共編著に『越境するファッションスタディーズ』(ナカニシヤ出版2022年),『転生するモード―デジタルメディア時代のファッション』(特別編集高馬京子, 日本記号学会編, 新曜社, 2019年)。Critical Studies in Fashion & Beauty Editorial Board (Intellect)。パリ12大学DEA＜言説・権力・社会＞, 大阪大学言語文化研究科博士後期課程修了。

小石祐介(こいし・ゆうすけ)
株式会社クラインシュタイン代表。東京大学工学部卒。コム デ ギャルソンを経て, 現在はパートナーの小石ミキとともに(株)クラインシュタインを運営。国境を超えた対話からジェンダーレスなプロダクトを発信する「BIÉDE(ビエダ)」, スロバキア発のスニーカーブランド「NOVESTA」のクリエイティヴディレクションをはじめ, 国内外のブランドのプロデュースを行っている。また, 現代アートとファッションをつなぐプロジェクト制作, アーティストとしての創作, 評論・執筆活動を行い, ファッションの翻訳語として「様装」を提唱している。

森永邦彦(もりなが・くにひこ)
1980年生まれ。ANREALAGE〈アンリアレイジ〉デザイナー。早稲田大学社会科学部卒業。2003年にブランド設立。2005年東京コレクションデビュー。2014年パリコレクションへ進出。2019年仏・LVMH PRIZEのファイナリストに選出, 同年第37回毎日ファッション大賞受賞。2020年 伊・FENDIとの協業をミラノコレクションにて発表。2021年ドバイ万博日本館の公式ユニフォームを担当, 同年, 細田守監督作品『竜とそばかすの姫』で主人公ベルの衣装を担当。

Charlotte Kroløkke(シャルロッテ・クロレッケ)
南デンマーク大学教授。専門はカルチュラル・スタディーズ, フェミニスト・サイエンス・テクノロジー研究。2010年代以降, フェミニズムの視点から第三者配偶子提供などの新しい生殖補助医療技術を分析する大型研究プロジェクトを実施。近年は寒冷療法, 人体冷凍保存といった人間身体やペットの身体の保存, 人間身体の生殖関連部分の凍結, 動植物のパーツの保存について研究。

岩崎秀雄(いわさき・ひでお)

1971年生まれ。アーティスト，生命科学・生命美学研究者。生命美学プラットフォーム metaPhroest主宰，早稲田大学理工学術院教授。博士(理学)。主著『＜生命＞とは何だろうか：表現する生物学，思考する芸術』講談社現代新書。文科大臣表彰若手科学者賞 (2008)，第22回文化庁メディア芸術祭優秀賞(2019)など受賞。

Shu Lea Cheang(シュー・リー・チェン)

メディアアーティスト，映像作家。国立台湾大学で歴史学を学んだ後渡米し，映画研究を修める。80-90年代にNYでメディアアクティビズムやビデオアートに関わって以来，SFサイバーフェミニズムや遺伝子技術などをテーマに社会，政治等の境界を問う作品やプロジェクトを世界各地で発表。2000年よりヨーロッパを拠点とし，学際的なプロジェクトを展開する。

Agnès Rocamora(アニエス・ロカモラ)

ロンドン芸術大学ロンドン・ファッション・カレッジ社会文化研究教授。主著はFashioning the City：Paris, Fashion and the Media（単著, 2009），Thinking Through Fashion：A Guide to Key Theorists（共編著, 2015，邦訳『ファッションと哲学』蘆田裕史監訳, 2018），The Handbook of Fashion Studies（共編著, 2013），Fashion Media：Past and Present（共編著, 2013）。Fashion's World Cities, Fashion as Photograph, Critical Luxury Studies, The End of Fashion, Fashion Theory等の学術誌にファッションやファッションメディアに関する論考を多数発表。International Journal of Fashion Studiesの共編者，Cultural Sociology 等学術雑誌の編集委員も務める。

門傳昌章(もんでん・まさふみ)

シドニー大学芸術・社会科学学部 日本学研究科専任講師。シドニー工科大学大学院デザイン研究科博士課程修了 博士。専門はメディア・芸術とファッション，日本のポピュラー文化研究。近年はファッション・アイコンを通して戦後日本の若者消費文化とジェンダー，アイデンティティについて，そして近代オーストラリアと日本の文化史について研究。主な自著にJapanese Fashion Cultures: Dress and Gender in Contemporary Japan (2015, Bloomsbury Academic)等。

石田沙織(いしだ・さおり)

明治大学大学院情報コミュニケーション研究科博士後期課程を単位取得退学後，同大学情報コミュニケーション学部ジェンダーセンター勤務（2021年度まで）。現在は二次創作活動に従事する女性達に質的調査を行っている。専門は社会学，ジェンダーとメディア，ファンダム研究。

明治大学リバティブックス

デジタル社会の多様性と創造性
——ジェンダー・メディア・アート・ファッション

2023年2月14日　初版発行

編著者 ………………	田中洋美，髙馬京子，髙峰修
発行所	明治大学出版会
	〒101-8301
	東京都千代田区神田駿河台1-1
	電話 03-3296-4282
	https://www.meiji.ac.jp/press/
発売所 ………………	丸善出版株式会社
	〒101-0051
	東京都千代田区神田神保町2-17
	電話 03-3512-3256
	https://www.maruzen-publishing.co.jp
ブックデザイン ………	中垣信夫+中垣呉
印刷・製本 …………	共立印刷株式会社

ISBN978-4-906811-33-5 C0036